La cocina de la salud

A pesar de haber puesto el máximo cuidado en la redacción de esta obra, el autor o el editor no pueden en modo alguno responsabilizarse por las informaciones (fórmulas, recetas, técnicas, etc.) vertidas en el texto. Se aconseja, en el caso de problemas específicos —a menudo únicos— de cada lector en particular, que se consulte con una persona cualificada para obtener las informaciones más completas, más exactas y lo más actualizadas posible. EDITORIAL DE VECCHI, S. A. U.

© Editorial De Vecchi, S. A. 2019
© [2019] Confidential Concepts International Ltd., Ireland
Subsidiary company of Confidential Concepts Inc, USA
ISBN: 978-1-64461-469-3

El Código Penal vigente dispone: «Será castigado con la pena de prisión de seis meses a dos años o de multa de seis a veinticuatro meses quien, con ánimo de lucro y en perjuicio de tercero, reproduzca, plagie, distribuya o comunique públicamente, en todo o en parte, una obra literaria, artística o científica, o su transformación, interpretación o ejecución artística fijada en cualquier tipo de soporte o comunicada a través de cualquier medio, sin la autorización de los titulares de los correspondientes derechos de propiedad intelectual o de sus cesionarios. La misma pena se impondrá a quien intencionadamente importe, exporte o almacene ejemplares de dichas obras o producciones o ejecuciones sin la referida autorización». (Artículo 270)

Juan Ródenas - Gloria Rossi Callizo

LA COCINA DE LA SALUD

*A quienes dedican
su atención a los enfermos*

Índice

Prólogo 11

NUTRICIÓN EN LAS DIVERSAS
    SITUACIONES DE LA VIDA...................... 13
Control de peso 14
La obesidad 16
Celulitis.................................... 18
Delgadez................................... 20
Alimentación y trabajo....................... 24
Alimentación y deporte 25
Alimentación en el periodo de entrenamiento 26
Alimentación el día de la competición 28
Aportes alimenticios en la recuperación........... 32

DIETA Y SALUD 35
Dietas básicas............................... 36
Dietas en las enfermedades digestivas 39
La alimentación en las enfermedades del aparato
    locomotor 54
Dietas en las enfermedades renales 57
La dieta en las enfermedades cardiovasculares....... 60

NUTRICIÓN Y DIETÉTICA........................ 69
Hábitos alimentarios y tradiciones regionales 71
La cesta de la compra 72

Los hábitos del grupo 73
La cocina regional 74
Alimentos conservados 75
Influencia de los alimentos sobre la salud 76

RECETAS PARA NO ENGORDAR 79

RECETAS CONTRA *ULCUS*,
   GASTRITIS Y DUODENITIS 87

RECETAS PARA OPERADOS
   DEL ESTÓMAGO 95

RECETAS PARA DIABÉTICOS 105

RECETAS SIN GLUTEN 115

RECETAS LAXANTES 129

RECETAS ASTRINGENTES 143

TABLAS 151

Prólogo

No hay negocio más importante para el ser humano que la consecución y mejoría de la salud. Hay distintas maneras de conseguir este objetivo, pero siempre se coincide en el papel decisivo que tiene una alimentación correcta, en cada etapa del devenir biológico.

Habría que preguntarse si sabemos con certeza cuáles son los alimentos más idóneos para confeccionar una dieta que permita el desarrollo óptimo de nuestras funciones vitales. La respuesta, lamentablemente, sería negativa en la mayoría de los casos. No se nos educa para la salud en ninguno de los periodos de nuestra formación y creemos que en nuestro país urge, en este aspecto, una pronta aproximación al problema, con participación de las instituciones estatales.

No son solamente loables, sino absolutamente necesarios, todos los esfuerzos encaminados a difundir la Ciencia de la Nutrición y su aplicación práctica.

Este libro del doctor Juan Ródenas Cerdá, prestigioso gastroenterólogo y conocedor por ello de los temas básicos de la nutrición, además de persona muy dedicada a la divulgación de temas médicos, es un ejemplo magnífico de lo que debe ser la información para el gran público. Capítulos como los que hacen referencia a las necesidades nutricionales en las distintas etapas de la vida y aquellos que hablan del soporte alimentario en las diversas enfermedades son un compendio excelente de conocimientos teóricos y prácticos en este campo. Los capítulos que tratan sobre generalidades en lo que respecta a la forma de alimentarse, además de tener un gran valor científico, son un modelo de capacidad de síntesis, que conjugan el lenguaje adecuado con una gran calidad literaria.

Las tablas y dietas, así como los menús específicos que en esta obra se presentan, ponen al alcance del lector una herramienta práctica para ir en busca de la salud, en cualquier situación de la vida.

Doctora Ana M. Pita Mercé
Jefe de Nutrición y Dietética
del Hospital de Bellvitge (Barcelona)

Nutrición en las diversas situaciones de la vida

La vida exige que las personas disfruten de un correcto estado nutricional para afrontar las diversas situaciones que pueden presentarse.

Dentro de la salud, hay momentos en que es necesaria una perfecta puesta a punto que permita gastos energéticos no habituales, como ocurre cuando se practica deporte. En esos casos, o en el desarrollo de trabajos que requieren un mayor consumo de calorías, el aporte de nutrientes ha de incrementarse.

El trabajo y la práctica de deporte son dos ejemplos que sirven para comprender cómo un gasto energético fuera de lo normal precisa, para poder llevarse a cabo, un gran consumo energético.

Cuando el aporte de nutrientes es excesivo y no se consumen las calorías ingeridas, sobreviene la obesidad. La obesidad puede estar originada por enfermedad o, simplemente, porque no se quema la energía consumida en los alimentos. Contrariamente, si se queman debido a un exceso de consumo motivado por trabajo, deporte o enfermedades, conllevan un aumento exagerado de los procesos metabólicos, con un gasto energético superior a los ingresos nutricionales, y aparece la delgadez.

De lo dicho se deduce la importancia que tiene conocer el estado nutricional de las personas, pues la malnutrición impedirá el desarrollo normal de ciertas funciones y es, inicialmente, el principio de posibles enfermedades.

Control de peso

Para conocer el estado nutricional, hay que valorar la pérdida de peso y conviene saber si ha habido adelgazamiento recientemente y de forma aguda. Se estima que disminuciones de peso comprendidas entre el 5 y el 10 % en los últimos seis meses de vida deben hacer sospechar la existencia de grandes pérdidas proteicas.

El porcentaje de la pérdida de peso se puede calcular mediante la siguiente ecuación:

$$\text{pérdida de peso (\%)} = \frac{\text{peso habitual} - \text{peso actual}}{\text{peso habitual}}$$

Valoración de la grasa corporal

Al hablar de obesidad, comprobaremos que son cosas distintas aumento de peso y aumento de volumen. Si aumenta la masa muscular, ganando peso el individuo, no significa que se convierta en obeso; tampoco es más obeso, aunque pese más, aquel que presenta un esqueleto con unos huesos muy desarrollados. Son cosas distintas, por tanto, la reserva de grasa corporal, la masa muscular y el esqueleto. La obesidad tiene relación con la primera.

Para valorar la magnitud del depósito de grasa se utilizan parámetros que miden la grasa subcutánea. Generalmente, se hace la medición en la parte posterior del brazo, utilizando el pliegue cutáneo del músculo tríceps; se escoge el punto medio entre el acromion y el olécranon, se pellizca con los dedos pulgar e índice, abarcando sólo la piel y el tejido celular subcutáneo, y se mide con un calibrador especial. El fundamento es el mismo que se utiliza para medir secciones de diámetros con el calibrador industrial. La lectura se hace en milímetros, y el valor obtenido se compara con los que existen en las llamadas «tablas de referencia», adaptadas según la edad y el sexo para cada población.

Valoración de la reserva proteica

Una vez quemados los hidratos de carbono, el organismo consume el material energético de reserva que son las grasas. Cuando esto sucede, tiene que consumir proteínas que encuentra en los músculos y órganos vitales y, si eso ocurre, sobreviene la enfermedad. Para valorar la reserva proteica muscular, se mide el perímetro del brazo con una cinta métrica, así como su perímetro muscular y el área muscular del mismo y, utilizando unas tablas, se obtienen los resultados. También se calcula el llamado «índice de creatinina-altura», determinación que corresponde a especialidades que valoran además la reserva proteica visceral midiendo las proteínas circulantes sintetizadas por el hígado; normalmente, se miden la albúmina y la transferrina.

Conociendo el «estado nutricional» de las personas, sabemos si se encuentran en condiciones de efectuar acciones que suponen un gasto energético que se aparta de lo habitual o si, por el contrario, presentan alteraciones por malnutrición que les impedirá realizar una vida normal y sana.

El sobrepeso no significa precisamente que existe un estado nutricional correcto, y es una situación anormal de las personas, que puede ser origen de enfermedades diversas. En relación con la estatura, y teniendo presentes la edad y el sexo, las personas deben presentar un peso, que se ha dado en llamar «peso ideal» porque parece ser que es el idóneo para padecer el menor número de enfermedades posible; al menos, así lo considera la Association Life Insurance Directory and Actuarial Society of América, de Nueva York.

La obesidad

La obesidad es un almacenamiento excesivo de grasa en el tejido adiposo que modifica la forma del sujeto y le hace aumentar de peso. Así, quien aumenta su peso porque retiene líquido o desarrolla su sistema musculoesquelético no puede ser considerado obeso.

Para distinguir la obesidad del resto de situaciones en las que el aumento de peso no tiene su origen en el acúmulo de grasa existen, como hemos visto, una serie de mediciones antropométricas que valoran el espesor de los pliegues cutáneos a distintos niveles. Llevados a unas tablas, nos indican si realmente hay obesidad, porque relacionan con el resto de estructuras corporales la cantidad de tejido adiposo que el individuo contiene en el aumento de volumen experimentado.

Si tomamos el peso ideal como parámetro para conocer el grado de obesidad, este vendría determinado por la diferencia existente entre el peso ideal y el que en realidad tiene el obeso. Sin embargo, el peso ideal no es exacto porque pondera la musculatura, el agua y el hueso, además de la grasa, que es lo que pretendemos medir realmente. A título orientativo sirve la fórmula de Broca, según la cual el peso ideal en kilogramos es igual que la talla en centímetros menos cien. Si comparamos el resultado con las tablas de sobrepeso hechas por la Metropolitan Life Insurance Company, conoceremos el peso aceptable.

El exceso de peso conduce a la obesidad; si el aumento en relación con esos parámetros es mayor del diez por ciento, hablaremos de sobrepeso, pero si excede del veinte por ciento nos encontramos ante una franca obesidad.

Hay quien piensa que los hijos obesos de padres obesos lo son en realidad porque adquieren sus hábitos alimentarios. No puede negarse, aunque no esté plenamente confirmada, una cierta tendencia genética; sin embargo, lo más frecuente es que la obesidad sea adquirida por una dieta hipercalórica acompañada de un bajo gasto calórico debido a que se hace poco ejercicio. La segunda causa sería la obesidad endógena, debida a ciertas alteraciones hipotalámicas o endocrinológicas, o también a la ingesta de ciertos medicamentos, como por ejemplo los antidepresivos.

Los peligros que comporta la obesidad son varios: por un lado, están los que afectan al aparato locomotor, como consecuencia del sobrepeso que deben soportar las articulaciones del tronco y de las extremidades (son frecuentes las alteraciones de los discos intervertebrales, con degeneración e incluso aplastamiento de los mismos, y también la artrosis de cadera y de rodilla); por otro lado están también las complicaciones del corazón y de las arterias. Los obesos son además enfermos hipertensos con alteraciones respiratorias, a quienes llega con dificultad el oxígeno a los pulmones, por lo que en ocasiones se duermen trabajando o conduciendo, con el peligro que esto conlleva. Tienen una elevada tasa de lípidos en sangre, pueden padecer alteraciones en la piel y, en definitiva, presentan un mayor índice de mortalidad que el resto de la población.

Por salud o por estética, estas personas suelen intentar perder peso y se encuentran con el hecho, si adelgazan, de que vuelven a engordar con facilidad, la mayoría de las veces porque, tras hacer una dieta correcta, no rompen aquellos hábitos que facilitan el que se realice un ingreso excesivo de calorías sin gasto alguno.

Para la obesidad exógena, producida por un aumento del ingreso energético, aparecen a diario nuevas dietas y remedios con los que el obeso no consigue solucionar su problema. Para iniciar un tratamiento contra la obesidad, lo más importante es estar motivado para perder peso, porque si el aumento tiene su origen en una alimentación inadecuada, antes de comenzar el tratamiento se ha de estar convencido de que se pueden cambiar ciertos hábitos, y para ello es indispensable la ayuda del médico. Si se consigue adelgazar no debe darse por terminado el tratamiento, pues hay que mantener el peso.

Actualmente, la única solución válida para perder peso es conseguir un balance energético negativo en nuestro organismo: hay que aumentar el gasto calórico y disminuir la ingesta; de este modo, se gastan las grasas que el cuerpo tiene almacenadas. Ello debe conseguirse sin perjudicar nutricionalmente al paciente, de modo que el ayuno total sólo puede hacerse en medio hospitalario, y el ayuno modificado o semiayuno, ambulatoriamente, bajo un riguroso control del médico y sólo cuando él lo indique. Existen dietas para adelgazar según las necesidades del obeso.

Las pastillas para adelgazar sólo pueden tomarse bajo supervisión médica, durante cortos periodos de tiempo, y únicamente como complemento dentro de un esquema general de adelgazamiento. Está totalmente prohibida la automedicación porque tiene efectos secundarios graves. Otro método para adelgazar es la cirugía; se suele recurrir a ella para corregir la obesidad en glúteos y abdomen, o bien para disminuir, mediante resecciones intestinales, las zonas de absorción de los alimentos (aunque esto son ya palabras mayores, y conllevan sus riesgos).

Celulitis

La celulitis se confunde con la obesidad, pero no son la misma cosa. La celulitis afecta a personas de peso normal, o incluso muy delgadas, y en ese caso no desaparece ni con los más severos tratamientos de adelgazamiento, que lógicamente están contraindicados.

El público concede el nombre de celulitis al desorden no inflamatorio del tejido subcutáneo, que se debe a trastornos endocrinos y metabólicos mal conocidos, en cuyo origen intervienen mecanismos circulatorios y alteraciones dietéticas. La edad de presentación de la celulitis, en una tercera parte de los casos, es anterior a la pubertad; también puede aparecer durante la adolescencia, y los lugares de presentación más frecuentes son la cara externa de los muslos y el abdomen. En esas zonas, el tejido conjuntivo se endurece, y en el subcutáneo aparecen bultos que hacen la piel semejante a la de una naranja, deformándola. La celulitis suele presentarse también en la parte anterior de la rodilla, los brazos, los tobillos, y en la espalda y en la nuca, aunque esto es poco frecuente.

La piel aumenta de volumen y consistencia, se endurece, pierde movilidad y adquiere además una hipersensibilidad muy característica. Donde más se nota la celulitis es en la cara externa de los muslos, al formar la llamada «anca de caballo», que se localiza por debajo del relieve óseo del extremo superior del fémur y confiere un aspecto especial en las caderas. La celulitis es un problema que afecta por igual a las mujeres delgadas que a las gruesas, pero en las obesas es más notorio. Esta es una enfermedad exclusiva de las mujeres que tienen predisposición genética, de modo que, en algunos casos, incluso puede decirse que es hereditaria. Como no se conoce todavía la causa que la origina, se desconocen medicamentos totalmente efectivos y existen muchos tratamientos de eficacia muy variable, algunos dudosos y otros de efecto totalmente nulo. Al iniciarse un tratamiento, primeramente deben regularse los hábitos alimenticios. Esta norma es obligada aunque sólo sea como coadyuvante de otras medidas, más aún si existe obesidad, pues el hecho de adelgazar no cura la celulitis; al contrario, la pone de manifiesto, y entonces pueden intentarse medidas específicas: práctica de algún deporte (ciclismo, natación o marcha), fisioterapia (utilizando soluciones físicas y mecánicas como el calor, las radiaciones y la electricidad), masajes y ejercicios físicos, baños de vapor y ozono, rayos infrarrojos y una gran gama de métodos, alguno de ellos excesivamente sofisticado. Si bien no ofrecen el efecto total deseado, al menos consiguen algo tan importante como es mejorar el estado general, activar la circulación y mejorar la elasticidad de la piel. Todo ello se traduce indudablemente en un efecto beneficioso sobre el tejido celular subcutáneo y sobre el ánimo de la persona que sufre esta alteración.

Para tratar la celulitis, se utilizan sustancias que se inyectan localmente y coadyuvan al éxito, siempre con el uso complementario de otras medidas. En general, las técnicas más específicas deben ir siempre unidas a un plan general de tratamiento. Los masajes son beneficiosos porque favorecen la circulación sanguínea, dan tono a la musculatura, consiguen una mayor elasticidad de la piel e, indirectamente, actúan sobre la celulitis, porque sirven para evitar los depósitos de grasa que la ponen de manifiesto. También se utiliza la yonoforesis, la balneoterapia y los baños de burbujas.

La cirugía puede corregir eficazmente algunos problemas como la llamada «anca de caballo» y, actualmente, la liposucción ofrece las mejores perspectivas.

De todos modos, antes y después es preciso seguir una dieta equilibrada y, cuando se inicia el tratamiento, si hay que perder peso, pueden utilizarse las pautas que sirven en caso de obesidad.

Delgadez

La disminución de peso en más de un diez por ciento por debajo de lo normal, atendiendo a la altura y edad, es un síntoma de delgadez. En ocasiones, las necesidades energéticas diarias no se cubren por razones diversas y, en ese caso, se puede pasar de la delgadez, que es una situación estática, al adelgazamiento y a la desnutrición. La pérdida de peso puede ser transitoria si se cubren los requerimientos obligados, o progresiva cuando no es así.

La desnutrición se debe generalmente a un insuficiente consumo de alimentos por falta de apetito, que se denomina anorexia, y es secundaria a alguna enfermedad, un trastorno psíquico o una depresión.

Factores económicos, sociales y enfermedades del aparato digestivo pueden ser también causa de adelgazamiento, desde una prótesis dental mal ajustada al cáncer gástrico, pasando por el uso del alcohol, drogas o medicamentos tóxicos.

Por otra parte, la absorción inadecuada de los alimentos conduce a enfermedades que originan malnutrición, en la diabetes, y cuando existe un gasto energético excesivo. En todos estos casos, el adelgazamiento puede conducir a la caquexia, con una pérdida de peso muy marcada y un gran deterioro del estado general, alto grado de desnutrición, anemia, hipotensión, fatiga y depresión anímica.

Los jóvenes que se encuentran en periodo de crecimiento pueden pasar por ciertas épocas en las que se vean demasiado delgados, pero eso se supera en el momento en que finaliza esta etapa. Si en la edad adulta no se llega a alcanzar el peso adecuado, es cuando habrá que hablar de delgadez.

Existen tres tipos de delgadez en relación con la alimentación: una, exógena, producida por alimentación inadecuada y escasa, a la que acompaña casi siempre un exceso de gasto de energía; otra, endógena, consecutiva a enfermedades infecciosas, endocrinas, digestivas y metabólicas; la tercera, delgadez constitucional o asténica.

Delgadez exógena

Se produce cuando un individuo sigue durante mucho tiempo un régimen alimenticio insuficiente. La alimentación puede ser insuficiente por falta de apetito o por escasez de alimentos. Cualquiera de los dos motivos conduce a una delgadez de causa exógena.

La anorexia nerviosa es un tipo de delgadez exógena que afecta más frecuentemente a mujeres entre diez y veinte años. Las pacientes muestran amenorrea e importante desnutrición, con fino lanugo sobre la piel, que puede dar una apariencia hirsuta. La piel está deslustrada y carece totalmente de grasa. Hay pérdida de la masa proteica muscular y son característicos de la enfermedad complejos factores psicológicos que llevan a rechazar los alimentos.

Siempre que se da una pérdida de peso hay que buscar si existe una enfermedad subyacente, y el médico tiene un gran trabajo por delante. En principio es más difícil, aunque parezca un contrasentido, engordar a una persona que hacer que adelgace, y, generalmente, es más grave el proceso que lo determina.

También existen casos de delgadez exógena por falta de aporte alimenticio: es el caso de las personas que ayunan por motivos culturales o religiosos, porque realizan protestas políticas o también en situaciones de guerra o de grandes dificultades económicas personales o nacionales. Por cualquiera de estas causas, voluntarias o involuntarias, se llega a la delgadez exógena que, si es muy prolongada, deriva en la caquexia y en muchos casos es incompatible con la vida.

El tratamiento de la delgadez exógena hay que llevarlo a cabo en un centro hospitalario, y es muy difícil realizarlo en el domicilio del paciente. En cualquier caso, habrá que atender, la mayoría de las veces, las características psíquicas del individuo, posible causa de la falta de apetito origen de la delgadez.

Además de una normativa muy estricta y la confección de un plan riguroso de alimentación progresiva, la cantidad de calorías que debe tener la dieta de un sujeto delgado es de un 50 % por encima de la que tenga la dieta normal; de este modo, individuos de talla normal deberán recibir una dieta hipercalórica de 3.500 a 4.000 kcal.

El aporte de hidratos de carbono ha de cubrir el 50 % de las calorías necesarias; las proteínas se darán a razón de 1,5 g por kg, y estas tienen una gran importancia por constituir el material plástico y regenerativo. Las grasas se darán en cantidad suficiente. El paciente debe hacer cuatro comidas diarias, como mínimo, y recibir suplementos vitamínicos. La cocina ha de ser sustanciosa; los alimentos han de estar bastante concentrados, y el volumen no ha de ser excesivo al principio, para evitar que se sature el apetito. A la vez que se sigue una dieta hipercalórica, se guardará reposo.

En el tratamiento de este tipo de delgadez, la comida ha de estar constituida por pan, legumbres, frutas, dulces y repostería rica en azúcar, pescados, carnes, huevos, leche de buena calidad y quesos frescos, mantequilla, manteca de cerdo, carnes grasas, zumos de frutas y ensaladas de hortalizas verdes. Cuando comience a observarse aumento de peso progresivo y el paciente se encuentre en disposición de ello, comenzará a realizar ejercicio para lograr un aumento de peso armonioso, complementando bajo vigilancia los ingresos calóricos con un gasto energético normal para la ingesta que se realiza. Para eso es preciso llevar un registro riguroso del peso, valorando el estado nutricional.

Delgadez endógena

Es propia de diversas enfermedades infecciosas, digestivas y respiratorias, endocrinas, metabólicas e incluso psíquicas, como se ha visto. La tuberculosis, el tiroidismo, los procesos de mala absorción intestinal y el cáncer digestivo, la diabetes y las demencias son buen ejemplo de ello. En tales casos, la delgadez puede ser tan extrema que el organismo llega a la caquexia, y la alimentación forma parte del tratamiento de una enfermedad grave. En ocasiones, es preciso recurrir a métodos de alimentación artificial por vía parenteral, para salvar los obstáculos que ofrece la vía digestiva. Son tratamientos estos que, obligatoriamente, han de llevarse a cabo en un hospital.

Delgadez constitucional

Es propia de sujetos con un especial fenotipo, generalmente altos y muy activos, que comen con apetito, tienen un perfecto funcionamiento orgánico y gozan de buena salud. Como en ellos el estar delgados forma parte de su constitución, no precisan cuidado alguno.

Alimentación y trabajo

Las necesidades energéticas de las personas dependen, entre otros factores, de la actividad física que realizan.

El ejercicio físico es el estímulo que aumenta de una manera más importante el gasto energético del individuo. Tal es así que, si el ejercicio realizado es muy intenso, el consumo puede ser tan elevado que, para poder llevarlo a cabo, sea necesario un incremento de hasta el cien por cien de calorías sobre los ingresos habituales.

Una persona con una actividad sedentaria necesita aumentar un treinta por cien el consumo de calorías sobre sus requerimientos basales; si la actividad es moderada, puede precisar el sesenta por cien, y si la actividad es intensa, llegar a necesitar hasta un cien por cien más de su aporte calórico habitual para compensar las pérdidas energéticas que lleva a cabo.

En estos casos, es lógico que se necesite una dieta hipercalórica, en la que el aporte hídrico y de minerales sea fundamental y necesario.

Alimentación y deporte

El esfuerzo físico que el deportista realiza supone un aumento del gasto energético, que precisa aportes calóricos extraordinarios. La alimentación del que practica deporte ha de ser suficiente para mantener un perfecto estado nutricional, y cubrir las calorías que su cuerpo consume con el ejercicio.

La dieta del deportista tiene, por ello, características especiales, y varía según se encuentre en fase de entrenamiento, competición o recuperación una vez efectuada la prueba. Requiere incluso una alimentación específica en el momento previo a la competición e igualmente después de esta.

La alimentación es, esencialmente, la misma para todos los deportistas durante el periodo de entrenamiento, pero en la competición varía dependiendo del tipo de deporte practicado y en función de la duración y del tipo de esfuerzo que se realiza. Las pautas alimentarias son prácticamente idénticas en el periodo de tiempo anterior y posterior a la competición. Hay, sin embargo, más necesidades energéticas que deben satisfacerse durante la competición, para evitar el fallo del deportista por consumo y falta de aporte. Esto sucede en la práctica de deportes de larga duración, superior a cuarenta y cinco minutos.

Alimentación en el periodo de entrenamiento

En el periodo de entrenamiento, el aporte calórico se cifra en unas 3.500 cal/día, que se reparten así: 55 % de hidratos de carbono; 30 % de grasas, y un 15 % de proteínas, con una ingesta de agua de 1 ml por caloría; 200 mg de vitamina C; 5 mg de vitamina B_1 y de 4 a 5 mg de vitamina B_6. Es conveniente repartir la ingesta diaria de alimentos en cuatro tomas: el desayuno será fuerte; la merienda, ligera, y la comida y la cena suficientes como para cubrir los requerimientos calóricos del deportista.

La cantidad de proteínas animales asimiladas debe ser superior a la de las proteínas vegetales, pues el aporte de aminoácidos esenciales en estas últimas es inferior.

La repartición del 30 % de lípidos debe hacerse de la siguiente forma: 10 % de ácidos grasos saturados, 10 % de ácidos grasos monoinsaturados y 10 % de ácidos grasos poliinsaturados (debido a que los productos de origen animal son ricos en ácidos grasos saturados, el deportista no debe consumir carnes demasiado grasas y, por el contrario, sí debe ingerir aceites y margarinas ricas en ácidos grasos poliinsaturados).

La ración de glúcidos ha de seguir la proporción de 45 % de glúcidos largos (almidón) y 10 % de glúcidos cortos (azúcares). Se autoriza un consumo de un 4 a un 5 % de calorías de origen alcohólico, que deben integrarse en la ración glucídica. Esto representa 120 kcal bajo forma de alcohol para una ración equilibrada de 3.000 kcal al día, unos 200 ml de vino de 10°, pero no es obligatorio. Sin embargo, sí es obligado y fundamental que el deportista beba, para una asimilación diaria de 3.000 a 5.000 kcal, por lo menos 2 l de agua durante el día.

Las necesidades individuales son extremadamente variables, incluso para deportistas con una constitución semejante y que practican disciplinas deportivas idénticas. El deportista debe, pues, conocer el peso que le permita estar en plena forma y regular, por consiguiente, la cantidad de alimentos que consume para mantenerse en torno a dicho peso. De todas formas, podemos indicar que un deportista debe consumir un promedio de 3.000 a 3.500 kcal si es hombre y de 2.000 a 2.500 kcal si es mujer.

El sistema contráctil del músculo tiene como estructura de base dos proteínas: la actina y la miosina; eso explica por qué es necesaria una alimentación rica en aminoácidos durante el periodo de entrenamiento, cuando el metabolismo muscular es particularmente importante, y también por qué en la dieta del deportista el porcentaje de proteínas ha de ser más elevado que en las necesidades del resto de la población. Sin embargo, sobrepasar el aporte proteico en un 15 % más con respecto al recomendado es inútil. Si la cantidad de las proteínas es superior al 18 o 20 % del aporte calórico total, no son eficaces para la constitución muscular, y exigen al organismo un trabajo suplementario para eliminar los residuos nitrogenados, resultado de la destrucción del excedente.

En resumen, durante el periodo de competición, un deportista debe consumir menos lípidos y equilibrar mejor los presentes en su alimentación, aumentando la parte de lípidos de origen vegetal; también debe aumentar el consumo de glúcidos complejos ricos en almidón y disminuir el aporte de azúcar, y mantener y aumentar el aporte de proteínas de buena calidad, siguiendo un equilibrio correcto de aminoácidos esenciales. Para conseguir que todos los principios nutritivos indispensables se hallen en la ración del deportista en proporciones adecuadas, es necesario que se establezca un cierto equilibrio entre todos los constituyentes.

Para asegurar un suministro completo de todos los micronutrientes, hay que diversificar al máximo los alimentos consumidos. Existe un método de fácil aplicación que permite obtener esta diversificación y evitar los errores de higiene alimentaria más frecuentes: el *método 421*. Consiste en tomar en cada comida alimentos como los que se indican a continuación: 4 alimentos glucídicos, 2 alimentos proteicos (de los que uno será sin calcio y otro con calcio), y 1 porción de lípidos, que deberá dividirse en media porción de lípidos animales y media porción de lípidos vegetales.

Las combinaciones con el método 421 son numerosas; más adelante exponemos algunos ejemplos.

Alimentación el día de la competición

Los aportes nutricionales para el deportista, en ese día, se dividen en: una comida muy digerible, que deberá tomarse tres horas antes del inicio del calentamiento de precompetición; una ración de espera, que se consumirá dentro de las tres horas, y finalmente, en los casos que sea necesario, los aportes precisos durante la competición.

Dicho de otro modo: no se debe consumir ningún alimento sólido en las tres horas que preceden a la competición, excepto la ración de espera; hay que hidratarse durante la competición, y como después de un esfuerzo físico bastante duro se acumulan toxinas en el organismo, debido a la producción de residuos nitrogenados, y existe la necesidad de evitar cualquier cansancio relevante, es precisa una alimentación bien programada para compensar y reponer los gastos habidos.

El día de la competición, la dieta debe ser perfectamente hidrocarbonada con azúcares de rápida absorción y fácil digestión, para tener así buenas reservas de glucógeno. La última comida se hará tres o cuatro horas antes de iniciar la prueba con purés de patata y arroz, carne, leche, pan, mermeladas y zumos de fruta muy azucarados.

Algunos deportes, como el ciclismo, necesitan y permiten aportes calóricos durante la prueba, que se efectuarán mediante raciones líquidas de fácil digestión.

El aporte energético para el día de la competición debe programarse de la manera siguiente: glúcidos (62-67 %), que incluirán glúcidos largos (40-45 %), como el almidón, y glúcidos cortos, como los azúcares (20-25 %); proteínas (12-15 %); lípidos (8-23 %), y una buena dosis de sal, que también es indispensable. Durante esta comida, se debe beber lo menos posible para no diluir demasiado las secreciones gástricas que, de otra forma, alargan demasiado el tiempo necesario para la digestión. Más adelante se presenta un modelo de comida de precompetición, equilibrada, de 1.000 kcal.

La dieta de espera está constituida por la bebida que el deportista debe ingerir durante las tres horas que separan su última comida de la competición. Durante este periodo de tiempo, el deportista está sujeto a una verdadera agresión psicológica, debido a la ansiedad creada por la espera de la competición. Dicha agresión modifica las síntesis hormonales, cuya consecuencia más inmediata es la alteración del valor de la tasa de glucosa en la sangre.

En periodos normales, la glucemia se cifra en 1 g por litro. Durante el periodo de espera puede descender hasta 0,8 g por litro y, a veces, incluso más por debajo.

El valor de 0,8 g por litro es el umbral a partir del cual el deportista empieza a notar cansancio y donde son mayores los riesgos de influir negativamente sobre el rendimiento deportivo. Es sumamente importante que, en el deportista, la glucemia no descienda por debajo del umbral referido; lo mejor sería ofrecerle una mezcla de glucosa y sacarosa con vitamina B_1, indispensable para que se realice el metabolismo de los glúcidos.

Las bebidas vendidas en envases listos para su consumo, o bien para diluir, contienen generalmente, cada 100 ml, de

7 a 8 g de glúcidos cortos y de 0,03 a 0,05 ml de vitamina B_1. Durante las tres horas que preceden al esfuerzo, se aconseja beber de tres cuartos a un litro de este tipo de bebida. Una dosis superior sería inútil, e incluso contraproducente. La cantidad indicada se distribuirá entre tres y cinco tomas, separadas entre sí por un intervalo de tiempo fijo.

El primer vaso se beberá una hora y media aproximadamente después de la comida que precede a la competición, para no dificultar la digestión por la dilución de las secreciones gástricas; el último vaso se deberá tomar media hora antes del inicio de la competición.

Los aportes alimentarios durante la competición son obligados en la mayoría de los deportes a causa de la intensidad, la continuidad del esfuerzo o la duración de la competición; también son necesarios en los deportes caracterizados por una serie de pruebas sucesivas, como el salto de altura y el golf. En estos casos, es indispensable hidratarse convenientemente y consumir además alimentos ligeros con cierta frecuencia.

Durante el esfuerzo físico, la pérdida de agua del organismo es considerable y puede tener consecuencias fatales en el rendimiento del deportista y en su salud. Parte del calor acumulado por los músculos, cuya temperatura aumenta al inicio de la competición con el gasto energético, se expulsa en forma de sudor, y se pierde agua gracias a un fenómeno de evaporación a través de la piel. Un buen aporte hídrico es fundamental, porque, en caso contrario, puede sobrevenir la hipotensión y el síncope, así como la pérdida de conciencia del deportista. La cantidad de sudor eliminado es proporcional a la intensidad del esfuerzo y, aunque existan variaciones de un individuo a otro, sobre todo en función del clima, podemos retener como valores medios de pérdida 1 l de líquidos por hora durante el entrenamiento, y de 1,5 a 2,5 l de líquidos por hora durante la competición.

Hay que beber en pequeñas cantidades, y hacerlo desde el inicio de la competición. Resulta difícil dar unas cifras precisas sobre la cantidad de líquido que es preciso ingerir, pues las pérdidas de sudor varían considerablemente en función del clima, de la intensidad del esfuerzo y del entrenamiento del deportista, cuya sudación es mayor cuanto más entrenado está, ya que su mecanismo de eliminación de calor funciona mejor. Podemos recomendar un consumo medio de líquidos entre 100 y 200 ml, tomados regularmente cada cuarto de hora. Es conveniente que el líquido ingerido contenga un poco de azúcar y, a este respecto, lo mejor es utilizar el tipo de bebida que hemos recomendado para la ración de espera, constituida por azúcares y vitamina B_1.

La ración de alimento es necesaria, además de la ración hídrica, en los casos en que se practican deportes de larga duración (más de 45 minutos), y más todavía si requieren un esfuerzo considerable, como el ciclismo, la vela o los deportes de grupo, o si se requiere una atención especial debida a gestos repetitivos y que deben ser precisos durante un determinado número de horas, como el golf. Entonces, los azúcares presentes en las bebidas se hacen insuficientes y es necesario un aporte calórico mayor. A tal efecto se pueden encontrar en el mercado muchos tipos de alimentos estudiados específicamente para los deportistas, como son almendrados, jaleas de fruta, tabletas de cereales y tabletas energéticas, cuyo interés práctico es evidente. Estos productos responden bien a las necesidades de un esfuerzo muscular inmediato.

Las tabletas energéticas suelen ser de glucosa, y contienen 400 kcal cada 100 g. Aportan esencialmente glucosa, cuya asimilación por parte del organismo es rápida, lo que permite al deportista luchar contra el agotamiento que le sobreviene de repente. Estas tabletas, que contienen también algunos minerales, deben consumirse con moderación en función de la intensidad, de la duración del esfuerzo y del apetito del deportista.

Se puede recomendar una cantidad de dos a tres tabletas por hora, una cada 20 o 30 minutos. El deportista podrá también ingerir cada hora 300 ml de bebidas para el esfuerzo, es decir, 50 g de azúcares cortos equivalentes a 200 kcal; una jalea de fruta de 25 g, es decir, unas 80 kcal; un almendrado de 25 g, que son unas 100 kcal; una tableta de cereales de 30 g, alrededor de 120 kcal; en total, de 380 a 500 kcal, en función de si se han consumido dos o tres tabletas cada hora.

Dado que los consumos energéticos y la capacidad de movilizar las propias reservas están sujetos a considerables variaciones individuales, el deportista debe alimentarse en función de sus necesidades, que puede determinar fácilmente de acuerdo con su experiencia, su apetito o la aparición de desfallecimientos en competiciones anteriores.

Aportes alimenticios en la recuperación

En las horas que siguen a la competición, el deportista se enfrentará con varios problemas:

• El primer problema es la deshidratación, pues las bebidas ingeridas durante la fase del esfuerzo compensan sólo parcialmente las pérdidas, y una ingestión demasiado rápida de grandes cantidades de líquido puede provocar pesadez de estómago. El deportista debe compensar las pérdidas de agua, reconstituir sus reservas hídricas y no sentirse pesado.

• Otro problema es la acidosis, pues el músculo produce muchos ácidos en su función, como el ácido láctico, y eso provoca un estado de acidosis que debe ser compensado.

• También se produce la pérdida de glucógeno muscular; el glucógeno permite cubrir una parte de las necesidades

energéticas indispensables para el esfuerzo, y el deportista debe reponer las reservas de dicho elemento.
- Finalmente, otro problema puede ser planteado por la eliminación de las toxinas; se trata sobre todo de los residuos nitrogenados empleados en el esfuerzo muscular, que han sido revertidos a la sangre, donde se acumulan. Estas toxinas se eliminarán con la orina, y es importante beber para que este mecanismo de desintoxicación funcione normalmente.

Una vez finalizada la competición, el organismo precisa aportes especiales para reparar las pérdidas y reponer los depósitos de glucógeno. Esto se hará de modo gradual, administrando líquidos preferentemente alcalinos, azúcares de rápida absorción en forma de bebidas, caldos con sal, frutas ricas en potasio y vitaminas del complejo B y C. El día que sigue a la competición se hará una dieta sin exceso de proteínas, y luego ya se seguirá con la dieta normal.

Hablar de una dieta especial para el deportista significa darle el aporte energético que necesita para desarrollar el ejercicio físico que realiza y en absoluto alimentos capaces de convertirlo en un *recordman*.

Después de la competición, si esta tiene lugar por la tarde, proponemos la cena siguiente: una sopa de verduras bien salada, para un buen aporte de agua y de minerales; un plato rico en almidón (arroz, patatas cocidas al vapor o hervidas, etc.), con un poco de mantequilla cruda o de margarina rica en ácidos grasos insaturados, también cruda; pan o galletas que completen el aporte de almidón; un plato que aporte proteínas animales, para contribuir a la necesidad mínima (una loncha fina de jamón, un huevo o un trozo de carne); un yogur azucarado; una o dos frutas bien maduras.

Antes de irse a dormir, el deportista podrá tomar aún un vaso grande de leche templada, preferentemente desnatada y azucarada, o un vaso grande de zumo de fruta azucarado.

Más adelante, en las tablas al final del libro, se expone un ejemplo de cena para la noche del día de la competición.

Al día siguiente, el desayuno y la comida serán igualmente ligeros y pobres en proteínas. Así, para un deportista acostumbrado a una dosis diaria de 3.500 kcal, se le puede aconsejar un aporte de 2.800 kcal, repartido de la siguiente manera: desayuno, 25 % (es decir, 700 kcal); comida, 35 % (es decir, 1.000 kcal); cena, 40 % (es decir, 1.100 kcal).

En los días siguientes, el deportista volverá a sus costumbres alimentarias prestando siempre atención al equilibrio del *método 421*. A menudo deberá aumentar globalmente su ración y también, de una manera equilibrada, todas las porciones: se trata del periodo durante el cual reconstituye sus reservas.

Un ejemplo de dieta práctica para después de la competición podría ser el siguiente: inmediatamente después del esfuerzo, 300 ml de agua mineral y 300 ml de una bebida para el esfuerzo, con aporte glucídico; ducha, masaje y descanso. Antes de cenar, 250 ml de leche desnatada y azucarada, 200 ml de agua mineral y 300 ml de una bebida para el esfuerzo, con aporte glucídico. En función del apetito, de dos a cuatro tabletas de contenido glucídico. La cena no se hará antes de dos horas a partir del final de la competición.

Dieta y salud

Una dieta, para que se considere apropiada y correctamente equilibrada, debe mantener en el individuo que la hace un buen estado de salud y ha de proporcionarle energía suficiente con un aporte adecuado de principios inmediatos, fibra dietética en cantidad necesaria e, igualmente, vitaminas y minerales.

Parece ser que algunas de las enfermedades más frecuentes de nuestra actual civilización, como la arteriosclerosis, la diabetes, el cáncer de colon o el *ulcus* péptico, están directamente relacionadas con el consumo de una dieta inadecuada. Esto ha creado una sensibilización en el público y en la Administración, que está llevando a la búsqueda y al establecimiento de dietas idóneas con las que la salud de la población sea óptima y puedan prevenirse las enfermedades citadas.

Las necesidades de nutrientes específicos para cada individuo varían según la edad, el sexo, la actividad física y la fase del ciclo de la vida en que se halle: infancia, embarazo, adolescencia, etc.

Las cantidades necesarias de los distintos nutrientes que se necesitan para mantener un estado adecuado son los requerimientos diarios.

Para obtener una dieta equilibrada, se debe seleccionar una gran variedad de alimentos que pertenezcan a diferentes grupos, con el fin de que aporten al oganismo todos los nutrientes necesarios.

Dietas básicas

En situaciones muy críticas y, a veces, comunes a varias enfermedades, son precisas dietas básicas que, fundamentalmente, se encaminan a cubrir el aporte hídrico y, en ocasiones, también nutricional.

Están indicadas en la preparación del intestino para la realización de exploraciones diagnósticas (como la colonoscopia), cuando no se puede masticar o deglutir, en situaciones agudas con alteración importante de la función gastrointestinal, en los casos de estenosis o estrechamientos del tubo digestivo en su parte alta debido al cáncer, después de intervenciones, en casos de anorexia importante y en la convalecencia, como dietas de transición.

No es extraño que sea preciso realizarlas en el domicilio por indicación facultativa y conviene conocerlas. Básicamente se trata de tres tipos de dietas: hídrica, líquida y blanda.

Dieta hídrica

Es una dieta que carece de valor calórico, pues solamente aporta agua. Por esta razón, debe llevarse a cabo como máximo durante cuarenta y ocho horas; se emplea en el llamado ayuno terapéutico.

Se utiliza para enfermedades agudas del aparato digestivo que cursan con vómitos, diarreas e intolerancia a alimentos; también en el postoperatorio inmediato, sobre todo si se trata de intervenciones que afectan el tracto digestivo, y también cuando hay que rehidratar al paciente.

La *dieta líquida clara* se compone de agua y zumos, que proporcionan escaso residuo y se absorben con facilidad. Está indicada en la preparación de cirugía de colon y para poder practicar exploraciones diagnósticas como la colonoscopia. Se emplea también cuando existen situaciones de alteración aguda de la función gastrointestinal.

Como esta dieta cubre las necesidades hídricas, pero es pobre en nutrientes, no debe utilizarse más de tres días y, si es necesario hacerlo, se suministrará un aporte de hidratos de carbono, grasas, proteínas, vitaminas y minerales.

Dieta líquida

Incluye líquidos y alimentos semisólidos, proporcionando una nutrición adecuada sin que sea preciso masticar. Está constituida por soluciones y emulsiones poco concentradas.

Es una dieta de fácil digestión y absorción, que deja escaso residuo y tiene también un pobre valor energético.

Intervienen en su composición: caldos de verduras, pescados y carnes en muy poca cantidad y, sobre todo, en forma de jugos; sopas, soluciones muy fluidas de harinas de cereales y leche, a las que se pueden añadir huevos, que se deben hervir; zumos de frutas, para el aporte de vitaminas; zumos vegetales, con el fin de procurar ingesta de sales minerales; infusiones de té y manzanilla azucaradas.

Está indicada en pacientes que no pueden masticar bien, o que tengan problemas de deglución o estenosis, que interfieren en la ingesta de alimentos sólidos. La dieta líquida será de transición.

Incluye todos los grupos de alimentos y, por ello, puede ser ingerida durante un tiempo más prolongado, pero se usará en periodos cortos de tiempo. Se administrarán porciones cada tres o cuatro horas, de forma que se hagan cinco tomas al día, con un volumen total de 2 a 2,5 l diarios. Es una dieta hipocalórica que no es equilibrada, cuyo aporte de vitaminas y minerales puede ser pobre. En ocasiones es necesario añadir suplementos proteicos, vitaminas y minerales.

Dieta blanda

Se indica como paso previo a la instauración de una dieta normal. Se trata de una dieta equilibrada que cubre las necesidades del paciente, compuesta por alimentos líquidos y sólidos blandos, relativamente pobre en residuos, de fácil masticación y digestión.

Se usa en el postoperatorio, en alteraciones gastrointestinales y en convalecencia de enfermedades prolongadas.

Estará compuesta por alimentos preparados en formas sencillas, blandas, de poca consistencia, sin exceso de condimentos y excluyendo prácticamente grasas, fritos, salsas y purés concentrados y espesos, que exigirían una gran demanda de agua.

La dieta blanda puede componerse de agua, caldos y cremas, siempre que se tenga la precaución de dar poco volumen y repartir la comida en cinco tomas diarias. Los alimentos más adecuados para la composición de una dieta blanda son: papillas con harinas de cereales, sémola, maizena, arroz; caldos de verduras, pescados y carnes; purés de legumbres y de patatas, a los que se les puede añadir mantequilla y yema de huevo; pastas de sopas; verduras bien cocidas; pescados blancos hervidos; carnes tiernas y magras, cocidas; pollo, ternera, cordero, hígado de estas procedencias; huevos escalfados, revueltos o en tortilla a la francesa; leche completa; quesos frescos (Burgos, Villalón), yogur; pan blanco sin miga; flan, natillas, dulces de leche; frutas en compota o jaleas, mermeladas; zumos de frutas dulces.

Todos estos alimentos se han de repartir de modo lógico formando un menú equilibrado, y las cantidades irán aumentándose en cada toma de modo progresivo, como dieta de transición antes de instaurar una dieta normal.

La dieta referida puede ofrecerse en dos formas: con los alimentos enteros o triturados (en caso de dificultad para masticar o deglutir por parte del paciente y cuando quiere evitarse que el estómago trabaje porque se estimularía su secreción, lo que a veces no es conveniente, como en el caso de *ulcus* gastroduodenal).

Dietas en las enfermedades digestivas

A cualquier edad, las enfermedades del aparato digestivo requieren dietas especiales. En general, las diferentes enfermedades que afectan a los aparatos y sistemas corporales las precisan y de ello vamos a ocuparnos.

Con la dieta adecuada a cada enfermedad, pretendemos favorecer la curación del paciente, evitando que ciertos alimentos resulten perjudiciales. En la indicación de cada dieta hay que tener siempre presente el estado general del enfermo, la alteración orgánica que padece, sus características psicológicas, sociales y los hábitos alimenticios a que está acostumbrado para que la dieta que le vayamos a indicar resulte adecuada. Los regímenes serán flexibles para adaptarse a cada paciente de modo individual.

Enfermedades del esófago

El paciente con procesos patológicos que afecten al esófago necesita una dieta que evite el reflujo del contenido ácido gástrico, para que no favorezca la aparición de esofagitis. Estos pacientes deben hacer comidas poco voluminosas y frecuentes, pobres en grasas, ricas en fibra, con prohibición total de bebidas alcohólicas y gaseosas y, por lo general, no hipercalóricas.

Las alteraciones orgánicas o funcionales del esófago producen con mucha frecuencia dificultad e, incluso, imposibilidad para deglutir. La causa, generalmente, son espasmos funcionales, estenosis orgánicas o inflamación de la mucosa, y también esofagitis motivada por reflujo gastroesofágico, frecuente en la incontinencia del cardias y en las hernias hiatales. En estos casos, es necesario establecer una dieta que tenga presente la disfagia y la alteración que la produce, bien sea una inflamación, úlceras, divertículos, o bien un proceso canceroso.

Las dietas que se indiquen serán blandas, para evitar la irritación mecánica, no serán muy copiosas, y los alimentos no estarán muy calientes ni muy fríos ni tendrán condimentos o picantes. Cuando existan esofagitis y hernia hiatal, se indicará una dieta que no aumente el volumen del contenido del estómago, por lo que las comidas serán ligeras y nunca copiosas. Deben prohibirse los alimentos que estimulen la secreción del jugo gástrico (café, té alcohol, zumos ácidos y bebidas gaseadas). Una buena norma es no acostarse inmediatamente después de las comidas para no favorecer el reflujo del contenido gástrico hacia el estómago.

Estómago

La alimentación de las personas que padecen trastornos estomacales tiene una especial importancia dentro de la dietética porque, a la vez que hay que procurar una equilibrada ración alimenticia, como esta parte del tramo digestivo está afectada por una enfermedad y su función es importante en la digestión de los alimentos, su absorción puede verse dificultada. De todos modos, actualmente, en patología gástrica, la influencia de la dieta sobre la secreción está en tela de juicio, y hay quien afirma que es indiferente el tipo de dieta que se aconseje. Existen, sin embargo, ideas muy concretas: se sabe que las proteínas, el café y el alcohol aumentan considerablemente la secreción ácida gástrica, al igual que los carbohidratos, y que las grasas, al contrario, la disminuyen. Las enfermedades más importantes y frecuentes del estómago son las úlceras y gastritis, y el cáncer. En todas las enfermedades gástricas la dieta debe seguir unas normas: no excitar la secreción ni aumentar la actividad motora del estómago, no irritar sus paredes mucosas y favorecer una rápida evacuación. El médico ofrece en estos casos, junto a la medicación que controla el estímulo de la secreción gástrica, una serie de alimentos permitidos que no la modifican, y prohíbe otros porque teóricamente la aumentan.

En los casos de úlcera péptica o gastritis, la dieta estará compuesta fundamentalmente de alimentos hervidos como carnes, pescados, verduras, legumbres y frutas, porque son poco excitantes de la secreción, así como los huevos preparados en formas blandas. Contrariamente, las bebidas frías estimulan la secreción. Son preferibles las aguas alcalinas sin gas.

Se tomarán las legumbres en forma de purés, con mantequilla o aceite; las carnes, muy bien picadas; los pescados, hervidos; los huevos, en formas blandas; quesos frescos; el pan, tostado; infusión de té y leche con cacao. Los alimentos estarán bien cocidos y triturados con la batidora en el caso de que los pacientes tengan la dentadura defectuosa; si no es así, se les recomendará masticar muy bien los alimentos. Cuando la masticación es insuficiente, el bolo alimenticio irrita la pared del estómago, excita la secreción y retrasa la salida de manera considerable. Más adelante se exponen algunos consejos dietéticos para enfermos con úlcera péptica duodenal.

Los pacientes operados de úlcera péptica requieren mayor atención dietética y después de una gastrectomía, cuando se les permite comer, deben iniciar un régimen que irán ampliando siguiendo siempre las indicaciones del médico. Algunos pacientes a los que se les ha resecado el estómago sufren lo que se denomina *síndrome de Dumping precoz*, y deben hacer comidas con pocos líquidos, en pequeñas cantidades y sin azúcares refinados. Otros en la misma situación tienen *Dumping tardío*, y conviene que hagan comidas de poca cantidad, pobres en hidratos de carbono y ricas en proteínas.

En las gastritis agudas es donde se debe llevar con más rigor el cumplimiento de las prescripciones dietéticas; como las causas de gastritis aguda pueden ser varias y el tratamiento diferente, e incluso hospitalario, será el médico, en todos los casos, quien indique la pauta que se debe seguir.

En las gastritis crónicas, el paciente debe convencerse de la importancia que tiene seguir las normas que el facultativo le aconseja: el enfermo debe comer despacio y masticar bien los alimentos; las comidas no deben ser copiosas (es preferible que sean más frecuentes pero de cantidades pequeñas); no se permiten en la alimentación legumbres y frutas con la piel; las legumbres se consumirán en forma de purés y se administrarán papillas de harinas de cereales; las carnes tiernas se tomarán asadas y cocidas. Los pescados blancos se tomarán también asados y cocidos (preferentemente merluza, pescadilla, lenguados y gallos, aderezados con limón y aceite); los huevos se prepararán en formas blandas. Las frutas, al principio, se tomarán hervidas en forma de compota, y después, naturales, bien maduras y peladas. Se prohibirán las especias, los picantes, las carnes conservadas y ahumadas, las carnes de cerdo, los embutidos, las morcillas y los tocinos, los pescados azules y los mariscos, los quesos fermentados, las bebidas alcohólicas y las bebidas muy frías.

Un problema que puede presentarse al enfermo con cáncer gástrico es la dificultad en la evacuación del contenido alimentario por estenosis. Esto mismo puede suceder cuando tal complicación aparece en una úlcera duodenal, por el obstáculo que ofrece el estrechamiento del píloro inflamado. En ambos casos, estenosis pilórica y cáncer, la dieta que se aconseja es la misma que cuando hay gastritis crónica. Si existe estenosis muy marcada, es preciso hacer una dieta líquida y, como el aporte nutritivo es insuficiente, se presenta la necesidad de buscar otras alternativas para alimentar al paciente; a veces hay que recurrir a la alimentación artificial.

Intestino

El intestino participa en la digestión y absorción de los alimentos, de ahí su importancia como órgano que interviene en la nutrición. Los trastornos que alteran su función tienen interés en la medida en que impiden un correcto aprovechamiento de los alimentos, dificultando la nutrición del individuo.

Las enfermedades del intestino delgado requieren dietas que conviene afinar cuidadosamente, porque en ocasiones están causadas por insuficiencia del propio intestino e intolerancia a los alimentos. Entre las anomalías primarias de la mucosa intestinal, conviene que mencionemos la dieta que la celiaquía requiere, pues de la exclusión total del gluten en los alimentos ingeridos dependerá la curación de la enfermedad.

La enfermedad celíaca o celiaquía es una afección intestinal provocada por la ingestión de gluten y, concretamente, por la gliadina, que es su principal componente. La mayor toxicidad de los alimentos que sientan mal a los celíacos corresponde a una fracción de la gliadina, que tiene como componentes más importantes la glutamina, el ácido glutámico y el gluten.

Para que se desarrolle la enfermedad celíaca, es condición obligada que la mucosa del intestino delgado se ponga en contacto con el gluten. Si los enfermos que padecen la enfermedad siguen una dieta exenta de esta proteína, se consigue una franca mejoría y la mucosa intestinal se normaliza. El problema principal radica en la dificultad que tiene obtener una dieta sin gliadina, pues el gluten tóxico se encuentra en el trigo dietético, la cebada, el centeno y también en la avena, con cuyas harinas se hacen infinidad de alimentos que es preciso eliminar de la dieta si existe una intolerancia a aquel producto. Los enfermos celíacos pueden tomar, sin embargo, arroz y maíz, aunque algunos muestran intolerancia a la leche, en cuyo caso habría que retirarla también de la dieta.

En los enfermos con celiaquía, los componentes del gluten producen, de alguna manera, atrofia de las vellosidades intestinales y disminuyen la actividad y cantidad de enzimas que normalmente hay en la superficie del intestino delgado. En consecuencia, se produce una absorción defectuosa de los alimentos porque las vellosidades del intestino delgado son las encargadas de esa importante misión en la digestión. La mala absorción de las grasas y proteínas de los carbohidratos y electrólitos hace que aparezca desnutrición en el paciente y su desarrollo sea defectuoso, con problemas óseos, neurológicos y de crecimiento por las deficiencias nutricionales.

El gran inconveniente en el tratamiento de la celiaquía es que la dieta exenta de gluten debe mantenerse toda la vida, lo que implica una gran servidumbre para los enfermos, que se deben abstener de todos aquellos alimentos y productos que contengan gliadina, para evitar la enfermedad. El paciente ha de conocer los alimentos y las bebidas permitidos y prohibidos por su contenido en gluten, como se indica más adelante, para poder confeccionar menús carentes de él.

Las enteritis y colitis son inflamaciones de los intestinos delgado y grueso que pueden acontecer por diversas causas. Se manifiestan por alteración en el hábito intestinal, con dolores abdominales y emisión, algunas veces, de productos patológicos con las heces, las cuales pierden su consistencia y aumentan el número al cabo del día.

Cuando aparece dolor cólico abdominal, diarreas y moco o sangre en las deposiciones, lo importante es conocer el origen de esas alteraciones de las que, en el tratamiento, la dieta es importante y a veces la única solución, como ocurre en el caso de la enfermedad celíaca.

Las intoxicaciones alimentarias tienen tratamiento específico relacionado con su etiología, pero siempre deben seguirse normas generales, que comentaremos si existen diarreas. El colon irritable es un cuadro clínico más frecuente en las mujeres que en los hombres, en la proporción de tres a uno. Suele aparecer entre los veinte y cuarenta años, y se da menos en las personas que se hacen mayores. Lo más sobresaliente de esta enfermedad es el dolor abdominal de tipo cólico y la alteración en el ritmo de las deposiciones. Las personas que sufren esta enfermedad suelen sentir el estómago lleno a los pocos minutos de haber iniciado la ingestión de alimentos. Acusan distensión abdominal, dolor difuso por todo el abdomen e, indistintamente, presentan estreñimiento o diarrea. Es frecuente que la diarrea aparezca de modo impetuoso y sólo uno o dos días después de haber tenido, durante varios, estreñimiento. La terapéutica de este proceso se basa en el uso de tranquilizantes, ansiolíticos e incluso antidepresivos, y en una dieta rica en residuos, además de psicoterapia de sostén, que lleve al paciente a conocer la poca trascendencia de su enfermedad.

La diverticulosis de colon es uno de los padecimientos más frecuentes en el ser humano, y se caracteriza por la aparición de pequeñas formaciones herniarias en la pared del intestino grueso, a semejanza de diminutos sacos con la boca de entrada pegada a la luz intestinal y el fondo colgando de ella hacia fuera. La diverticulosis no presupone la existencia de enfermedad: los divertículos son únicamente formaciones anatómicas que, en principio, no dan síntomas. La inflamación de los divertículos sí que origina un cuadro clínico llamado *diverticulitis*.

Las personas que tienen divertículos sin síntomas, es decir, diverticulosis, no deben preocuparse en absoluto, pero es aconsejable que, en lo posible, excluyan de su dieta alimentos con semillas, vegetales y frutas crudas; deben evitar el estreñimiento y, para ello, es aconsejable una dieta rica en fibra, así como la ingestión de aceite mineral, si es preciso, para asegurarse una evacuación diaria.

El estreñimiento

Al hablar de estreñimiento, es conveniente comenzar diciendo cuándo se consideran unas deposiciones normales. Hay que fijarse tanto en la cantidad de las mismas como en su consistencia y en la frecuencia con que se hacen. El volumen diario de una deposición normal debe tener un peso de 150 a 200 g, y se considerará estreñida aquella persona cuyas heces tengan un peso inferior a 35 g al día. Respecto a la frecuencia, es estreñida la mujer que haga menos de tres deposiciones a la semana y el hombre que haga menos de cinco en ese mismo tiempo, y ambos si se pasan más de tres días sin defecar. De modo que es estreñido quien emite heces de poco volumen, muy duras o de tarde en tarde. La mayoría de la gente le confiere más importancia a la frecuencia, mientras que otras personas cuando dicen estar estreñidas, se refieren a la consistencia de las heces únicamente.

El estreñimiento es, en parte, producto de la civilización. En la dieta que se hace en países industrializados, las harinas están desprovistas del material inerte que es la celulosa, y los alimentos que se toman carecen de fibra vegetal. En la dieta, es conveniente ingerir alimentos no muy elaborados, porque contienen salvado que ayuda a formar masa, aumenta el volumen de las heces y contribuye a evitar el estreñimiento. Los factores que provocan estreñimiento son varios y, en general, para aumentar el volumen de las heces y favorecer la evacuación, podemos actuar eligiendo aquellos líquidos y alimentos más idóneos para conseguir unas deposiciones normales.

El *tratamiento del estreñimiento crónico* está basado en una dieta rica en residuos, que contienen fibra vegetal y retienen agua en la luz del intestino. La fibra aumenta el volumen fecal y disminuye la consistencia de las heces. Sobre la fibra actúa la flora intestinal y se forman productos laxantes naturales, que facilitan la evacuación.

Dieta rica en fibra. Laxante

La fibra vegetal o dietética tiene una gran importancia, no sólo para evitar el estreñimiento, sino también en los procesos de la digestión. Es celulosa y no alimenta, de modo que no es un nutriente, sino una sustancia inerte; sin embargo, ejerce una gran función para prevenir enfermedades como la apendicitis, la litiasis biliar, la enfermedad diverticular, el cáncer de colon y problemas venosos e incluso cardiopáticos. Todas estas propiedades derivan de su capacidad para aumentar el volumen de las heces y acelerar el tránsito del intestino, pues hace que disminuya la flora anaeróbica del colon y, de esta manera, los movimientos naturales se agilizan, aumentando el número de deposiciones al día. Esto, a la vez, previene la aparición de divertículos y hace que se dificulte la reabsorción de colesterol, con lo que se evita la formación de cálculos en la vesícula biliar. Al regularizarse la defecación y eliminarse el estreñimiento, hay menos probabilidades de padecer hemorroides, apendicitis o varices en las piernas y cáncer del intestino grueso.

No están muy claros los mecanismos fisiopatológicos por los que la fibra evita todas las enfermedades mencionadas, pero se sabe que en países como India, y en Sudamérica y Asia, donde se consume mucha fibra, la incidencia de cáncer de colon es menor que en el resto del mundo.

Este tipo de dieta parece constituir actualmente, como podemos ver, la panacea a muchas de las enfermedades existentes. Para tomar fibra hay que cambiar el pan blanco por el integral, que tiene salvado, o bien tomar directamente este cereal (en este caso, deben ingerirse tres cucharadas soperas de salvado al día). Los alimentos que tienen más fibra en su composición son: la harina de avena; los vegetales de tallo largo, como las espinacas, los espárragos, el apio y la lechuga; frutas; sopa vegetal; hortalizas; granos de semillas oleaginosas; las legumbres, sobre todo los garbanzos y las lentejas, judías y habas; nabos y zanahorias y, desde luego, el salvado de los cereales.

Si queremos confeccionar un régimen rico en fibra vegetal, además de conocer los alimentos que la contienen, interesa saber las calorías que tales alimentos aportan.

Dieta pobre en fibra. Astringente

Es lo que se denomina dieta astringente o pobre en residuos, y está formada por un mínimo contenido en fibra dietética, aproximadamente de 12 a 15 g/día.

La dieta pobre en fibra está indicada cuando es necesaria una disminución del bolo fecal, como por ejemplo en los casos de diarrea, gastroenteritis o colon irritable en la fase diarreica, y se puede alcanzar con una reducción en la cantidad de fibra dietética suprimiendo los cereales integrales, el pan o la pasta integrales (y utilizando en cambio preferentemente productos refinados, como el pan blanco), los frutos secos, las semillas y las legumbres; también se han de evitar las frutas y verduras frescas, y se utilizarán las más bajas en fibra, poco maduras y cocidas o en forma de zumo colado; se consumirán carnes tiernas, o en cocciones que las ablanden. La leche, aunque no tenga fibra, puede contribuir a aumentar el residuo fecal, por lo que en ciertos pacientes es útil limitar su consumo. En las tablas al final del libro se ofrece un ejemplo de dieta pobre en fibra.

Enfermedades hepáticas y biliares

No existen regímenes dietéticos específicos para las enfermedades inflamatorias del hígado. En las hepatitis, sólo debe considerarse una dieta equilibrada que suministre el aporte calórico necesario. Los carbohidratos, las proteínas y las vitaminas son importantes e indispensables; la supresión de alcohol debe ser total, y no hay motivo para restringir las grasas, a no ser que existan molestias digestivas que dificulten su tolerancia.

Afecciones hepáticas como la cirrosis y estados especiales de esta enfermedad requieren tratamientos dietéticos específicos, que el médico aconsejará en su momento. Si existe ascitis, es importante la supresión de sal y la restricción de la ingestión de líquidos. En el caso de encefalopatía, se restringen también o se suprimen totalmente las proteínas y debe evitarse el estreñimiento. Las dietas pobres en sal y pobres en proteínas sirven tanto para las enfermedades hepáticas como para las renales o las cardiacas, en las que se necesita una alimentación hiposódica o hipoproteica.

Cuando existe litiasis biliar u otras enfermedades biliares, las personas suelen suprimir la ingesta de leche y huevos sin que exista fundamento científico alguno para ello. Es cierto que muchas veces estas personas presentan sensación de plenitud y náusea con dietas ricas en grasa y, lógicamente, en esos casos no deben tomar tales alimentos. Para evitarlo, se aconseja una dieta pobre en grasa, por lo que es preciso conocer qué alimentos están prohibidos y cuáles se pueden comer, tal como indicamos más adelante.

Cuando existe algún trastorno en cualquiera de los mecanismos fisiológicos que regulan la digestión y absorción de las grasas, es necesario limitar la cantidad de lípidos de la dieta.

En estos casos, hay que reducir la cantidad de alimentos con alto contenido en grasas, tales como nata, mantequilla, crema de leche, tocino, manteca de cerdo, embutidos, panceta, quesos grasos, patés, chocolate y cacao, y también se eliminarán las cocciones pesadas (frituras, rebozados, guisos y salsas). También se evitarán los alimentos flatulentos, como legumbres, ciertas verduras, col, coliflor, pepino, pimientos y rábanos, y los frutos secos. La inclusión de huevos en la dieta y la cantidad de aceite consumido variará según la tolerancia del paciente.

En el caso de hepatitis aguda, no existe una indicación concreta en cuanto al régimen dietético. Es aconsejable una dieta lo más rica y variada posible, prohibiendo el alcohol. Sin embargo, hay pacientes con hepatitis aguda que presentan náuseas y vómitos; en ese caso, debe restringirse el contenido lipídico de la dieta entre 20 y 50 g/día, proporcionando hidratos de carbono, por ejemplo con zumos de fruta, y asegurando una buena ingesta proteica.

En caso de cirrosis hepática compensada, la dieta que debe ofrecerse es similar a la de la hepatitis. En este caso se requiere, sin embargo, que además de hacer una conveniente restricción de líquidos, si lo indica el médico, la sal sea poca en la comida y no se abuse del consumo proteico.

La *dieta hiposódica* que se utiliza en distintas enfermedades, no sólo en la cirrosis, cuando hay retención de agua y sal, es un menú que contiene entre 45 y 50 ml de sal al día. En casos agudos, el médico prescribirá una restricción mayor que esta.

La ingesta normal de sodio excede en mucho las necesidades fisiológicas del organismo, siendo aproximadamente de 4 a 12 g/día. La mayoría de alimentos contienen sodio, pero la fuente más importante es la sal común (400 mg de sodio por 1.000 mg de cloruro sódico).

En la dieta de 1.000 mg de sodio, se prohíbe la utilización de sal en la cocción y como condimento de mesa, así como el consumo de alimentos o bebidas ricas en sodio. El pan común aporta 500 mg de sodio por cada 100 g; por ello, debe limitarse su consumo en esta dieta.

La *dieta hipoproteica* se utiliza en cirrosis hepática y también en otras enfermedades. No es preciso eliminar totalmente las proteínas de la dieta y tampoco conviene, pero su administración debe repartirse durante todo el día para evitar una sobrecarga de aminoácidos. Son dietas carenciales y hay que tener siempre presente el aporte de vitaminas y oligoelementos minerales.

Enfermedades del páncreas

Colocado entre el estómago y el duodeno se encuentra el páncreas, que tiene una doble función: exocrina, en relación con la formación de jugo pancreático, y endocrina, porque sintetiza dos hormonas que libera a la sangre, el glucagón y la insulina, importantes para regular y utilizar la glucosa del organismo.

Cuando el páncreas se inflama, el síntoma más sobresaliente es el dolor abdominal que se localiza en la región epigástrica y se irradia a la espalda, formando un cinturón que se extiende de delante hacia atrás. La pancreatitis aguda puede ser de extrema gravedad, con hemorragia y necrosis de toda la glándula por autodigestión en la propia secreción hormonal exocrina. La ingesta habitual de alcohol origina pancreatitis crónica, con crisis de dolor semejante a la anterior, de modo repetitivo.

En las pancreatitis agudas es necesario tener presente unas normas alimenticias que tiendan a evitar el estímulo de la secreción pancreática, que se aumenta por la inflamación de la víscera. Se deja el páncreas en reposo funcional y, dada la gravedad del cuadro, se realiza en medio hospitalario. Cuando remite la gravedad, se inicia la dieta oral, primero con dieta líquida y, cuando esta se tolere bien, se pasa a la dieta blanda, con abundantes hidrocarbonados y pequeñas cantidades de proteínas. Los alimentos se dan en tomas pequeñas, repartidas en seis fracciones al día; en los primeros días, se suprimirán las grasas y, después de cinco o seis días de dieta blanda, se probará a añadir pequeñas cantidades de mantequilla y aceites vegetales; el paso a la dieta normal será paulatino, teniendo siempre presente la enfermedad que puede existir asociada.

Cuando la glándula pancreática enferma y pierde su función habitual, es frecuente que se origine una diabetes.

La dieta en la diabetes

La diabetes es una enfermedad en la que el azúcar que llega a nuestro organismo, proveniente de la comida, no puede ser asimilado normalmente. El azúcar que hay en la leche, el pan, las frutas o el arroz, al ser asimilado por nuestro organismo, se convierte en glucosa y es transformado en la energía que mantiene los procesos metabólicos. Debe haber unos niveles constantes de glucosa en sangre (lo que se denomina *glucemia*) para que las células puedan disponer del azúcar necesario. En el caso del diabético, la glucosa no entra en la célula porque le falta insulina, que se encarga de favorecer el paso. La insulina es una hormona que segrega normalmente el páncreas y favorece el metabolismo de la glucosa, haciéndola pasar de la sangre al interior de la célula. El resultado es que, siendo hiperglucémicos, pues tienen la glucosa elevada, no pueden sin embargo servirse del azúcar que les sobra en la sangre. Como el páncreas de estos pacientes no fabrica insulina, esta ha de inyectarse. Si lo hacen insuficientemente, deberán ayudarse con pastillas o regulando la dieta. De este modo, y controlando bien la enfermedad, los pacientes pueden llevar a cabo una vida normal.

Siempre, en la diabetes, la dieta constituye una parte muy importante del tratamiento; sepamos por ello qué le interesa conocer sobre la dieta a un diabético.

En el caso de diabéticos que no son insulinodependientes (esto es, que no necesitan inyectarse insulina porque segregan una pequeña parte de esta, aunque en cantidad insuficiente), deberán seguir una dieta pobre en azúcar, de unas 1.800 cal o menos.

La dieta del diabético depende, en realidad, de las necesidades calóricas del individuo y de su hiperglucemia habitual. Se intentará buscar un equilibrio correcto entre la ingesta y el gasto energético diario del enfermo, teniendo en cuenta las necesidades de insulina, en caso de precisarla. De todos modos, el paciente evitará siempre el azúcar, los zumos embotellados, la fruta en almíbar, la mermelada, la miel, los pasteles y las galletas, los dulces en general, el chocolate, e incluso la cola, la caña de azúcar, el agua de coco y, por supuesto, el alcohol. Tampoco deberá comer demasiadas féculas y será necesario llevar un horario de comidas estricto, sobre todo si precisa insulina.

La alimentación en las enfermedades del aparato locomotor

Las unidades óseas que constituyen el esqueleto humano tienen una composición en la que forman parte importantes minerales como el calcio y el fósforo. El metabolismo de tales elementos se ve alterado en diversas enfermedades y también en ciertas épocas de la vida. La dieta tiene un papel importante en el tratamiento de esa enfermedad, porque los problemas carenciales la suelen provocar o la empeoran.

Osteoporosis y raquitismo

La osteoporosis produce una pérdida de la sustancia ósea debida a la alteración del soporte proteico de la estructura del hueso y a la falta de calcio.

La alimentación en esta enfermedad estará orientada a aportar calcio; si la función renal es buena y la diuresis se mantiene normal, la dieta equilibrada aporta 1 o 2 g de calcio al día.

El raquitismo se produce cuando falta el calcio y el fósforo en la alimentación, y también la vitamina D, que es la que se encarga de fijar este mineral.

La dieta deberá tener, por tanto, aporte suficiente de calcio y de vitamina D para conseguir una buena profilaxis del raquitismo.

La vitamina D se encuentra en la yema del huevo, la leche, la mantequilla y el hígado de los peces. Las necesidades diarias de vitamina D en los niños son, aproximadamente, de 300 U.I. al día.

En el cuadro siguiente se expone la concentración de vitamina D en diversos alimentos:

Vitamina D: unidades por 100 cc	
Aceite de hígado de bacalao	10.000
Atún-salmón	300
Carne de vaca	15
Hígado de vaca	35
Huevo (unidad)	15
Leche de vaca	4-8
Mantequilla	90
Sardinas enlatadas	750

La alimentación del adulto debe contener unos 800 mg de calcio/día, y los requerimientos de fósforo son parecidos. En la tabla de la pág. 180 se presenta el contenido en mg de calcio y fósforo por cada 100 g de los alimentos más utilizados en la dieta.

Reumatismos

En las enfermedades reumáticas hay que distinguir entre procesos agudos y crónicos. Los reumatismos agudos, que se dan en edad temprana de la vida y en épocas de crecimiento, requieren una alimentación abundante y bien equilibrada, rica en proteínas, para atender a la curva ponderal del peso y al estado en lo que a nutrientes se refiere. Ha de ser rica en hidrocarbonados solubles y proteínas de alto valor, fácil digestión y asimilación. No debe faltar el aporte mineral y vitamínico y, cuando exista complicación cardiaca, el médico indicará si es precisa la restricción hídrica y salina.

En los reumatismos crónicos, de evolución progresiva y larga, habrá que procurar un buen estado nutricional controlado, para evitar que se produzca aumento de peso.

Ya hemos mencionado las alteraciones óseas que pueden producirse durante el embarazo y el climaterio, razón por la que, en estos periodos, los hábitos alimenticios se encaminarán a evitar alteraciones en el sistema osteoarticular.

Una situación especial, que merece mención aparte dentro del capítulo de las dietas en las enfermedades articulares, la presenta la gota.

La dieta en la gota

Aunque se puede encuadrar dentro de las enfermedades metabólicas, la gota es la enfermedad más importante de cuantas afectan las articulaciones de nuestro organismo. Tiene su origen en una alteración del metabolismo del ácido úrico. El aumento de ácido úrico suele ser asintomático, pero en ocasiones se asocia a manifestaciones clínicas, y una de ellas es precisamente la gota articular, tipo de artritis o inflamación que aparece porque se depositan en las articulaciones cristales de urato. Afecta con mayor frecuencia a los varones robustos, buenos comedores y bebedores que, a medida que se hacen mayores, padecen la enfermedad con menos frecuencia; sin embargo, en las mujeres suele ser más frecuente después del climaterio.

Los llamados *tofos*, que se localizan preferentemente en el pabellón auricular, el dorso de las manos, dedos y rodillas, constituyen acúmulos duros de urato, típicos de esta enfermedad. La litiasis renal y otras enfermedades del riñón pueden deberse también a acúmulo de uratos, pero la manifestación clínica más importante es el ataque agudo de dolor en el dedo gordo del pie, lo que se denomina *podagra*. Constituye una de las complicaciones articulares agudas de la enfermedad, que pone el dedo gordo del pie rojo, turgente y extraordinariamente doloroso; aparece de forma más o menos brusca y evoluciona sin tratamiento hacia la curación al cabo de unos días. De todos modos, mejora antes con tratamiento médico.

Las personas que tienen elevado el ácido úrico en su sangre y no tienen síntomas, no deben preocuparse, pero tienen que vigilar cada seis meses la cifra de ácido úrico, que es normal hasta 8,0 mg/dl en los varones adultos, y hasta 6,5 mg/dl en las mujeres. Deben tratarse los casos que tengan cifras de uricemia superiores a 12 mg/dl y a 9 mg/dl, respectivamente.

Otra cosa diferente es cuando la hiperuricemia es sintomática y el enfermo presenta cualquiera de las manifestaciones descritas. En ese caso, hay que realizar tratamiento y, aparte de los medicamentos, los enfermos deben corregir aquellos factores que predisponen a la enfermedad, evitando alcohol y tabaco, combatiendo la obesidad, bebiendo dos o tres litros de agua diarios y practicando ejercicio físico. Si las cifras de ácido úrico son excesivas, conviene alcalinizar la orina ingiriendo bicarbonato sódico y bebiendo todavía más agua en las veinticuatro horas del día. Para facilitar estas normas, exponemos en la tabla de la página 181 el contenido en ácido úrico de los alimentos más usuales, para poder escoger aquellos que convengan en la confección de la dieta que eviten la presentación de gota.

Dietas en las enfermedades renales

La función del aparato urinario en el ser humano es doble: homeostática, al regular en cada situación la cantidad de agua y sales necesarias para el mantenimiento de nuestro cuerpo, y depurativa, pues separa de la sangre aquellas sustancias que son nocivas para el organismo. La persona adulta elimina diariamente, a través de su orina, un litro y medio de líquido; en esas veinticuatro horas, perdemos también líquido por el sudor y con la respiración para acomodarnos a los cambios térmicos; eliminamos líquidos en la respiración con los gases que intercambiamos en los pulmones y, por fin, hay agua también en las heces que diariamente excretamos como producto de la digestión. Nuestro organismo pierde cada día, como resultado de su funcionamiento normal, unos 2.700 ml de agua. La suma del agua que diariamente eliminamos debe guardar relación con la que ingerimos para mantener el equilibrio que precisa nuestro cuerpo, por ser este líquido su mayor constituyente. El riñón ayuda a mantener el equilibrio, pues cuando por cualquier enfermedad se presentan vómitos, fiebre o diarrea, y la pérdida de agua aumenta, excreta menos orina para compensar la situación. Si se producen pérdidas excesivas por el riñón, será conveniente reponerlas, tanto si afectan al agua como a los minerales, proteínas u otros productos orgánicos que pueden eliminarse a través de dicho órgano. La dieta, en ese caso, tiene importancia en el tratamiento.

Insuficiencia renal. Cálculos renales

Las enfermedades del aparato urinario pueden originar una insuficiencia en la función renal (aguda o crónica), inflamaciones del parénquima (también agudas o crónicas), infecciones degeneradoras y litiasis. Muchos de estos procesos, por su importancia y gravedad, requieren tratamiento hospitalario. Pero para entender el diálogo de los facultativos y por qué en ocasiones se establece el tratamiento dentro del domicilio del paciente, que seguirá el régimen terapéutico de modo ambulatorio, conviene saber qué características y composición tienen las dietas *hídrica*, *hiposódica* e *hipoproteica*.

Los cálculos renales pueden estar compuestos por uratos, fosfatos y oxalatos. Son, la mayoría de las veces, mixtos, pero en ocasiones están formados por una sola sal.

Si se trata de cálculos simples es fácil aconsejar una dieta, pero no es así si se trata de cálculos mixtos. Los cálculos de uratos están formados por ácido úrico, que es el producto final del metabolismo de las purinas. Para evitar que se originen cálculos en el riñón por precipitación del ácido úrico, cuando la cantidad de este en la orina es alta, es conveniente que esté diluida y que su reacción sea alcalina.

La dieta, en este caso, será alcalinizante, con abundante ingestión de agua, y serán eliminados los alimentos ricos en purinas: vísceras de animales, carnes de aves, carnes de cerdo, sardinas, arenques, anchoas, conservas, mariscos, café, té y chocolate.

La ración de proteínas de la dieta no debe ser excesiva, para que no haya materiales que favorezcan la síntesis endógena de las purinas.

Los cálculos de fosfatos se originan cuando se elimina mucho fosfato cálcico por la orina, lo que ocurre si se ingieren alimentos que lo contengan excesivamente, y también si hay un trastorno en el metabolismo del calcio. Para que estos fosfatos precipiten y se originen cálculos, es necesario que el pH de la orina sea alcalino, al contrario de lo que ocurre con los cálculos de ácido úrico.

La alimentación, en estos casos, debe ser acidificante, y se evitarán los alimentos ricos en calcio: leche, quesos, huevos, almendras, avellanas, nueces, habas, guisantes y alubias. Se tratará de disminuir el pH de la orina administrando, con la alimentación, medicamentos acidificantes y abundantes líquidos.

Los cálculos de oxalatos pueden formarse tanto si la orina es alcalina como ácida, e independientemente de la concentración en la misma de los oxalatos. La causa parece ser un problema en la disminución del poder de la orina para disolver estas sales, y en el tratamiento se aconseja una alimentación en la que no intervengan alimentos como espinacas, tomates, pimientos, guisantes, verduras, coles, patatas, higos, frutos secos, ciruelas, fresas, uvas, té, café y chocolate. Como a expensas de la glucosa se forma ácido oxálico, es conveniente moderar la participación de hidrocarbonados en la dieta.

En la formación de cálculos renales intervienen otros factores además de la alimentación y, por ello, es aconsejable conocer la naturaleza de los cálculos y efectuar la dieta conveniente, siguiendo las indicaciones que el médico expone en cada situación.

La dieta en las enfermedades cardiovasculares

Las enfermedades del corazón y de sus vasos se benefician realmente con medidas dietéticas, porque algunas de ellas se originan precisamente a partir de alteraciones provocadas por un disturbio en el régimen alimentario.

Una dieta hipocalórica es, muchas veces, el primer paso en el tratamiento de las enfermedades del corazón; de este modo, se le somete a un trabajo menor y, al reducir el peso corporal, se obtiene un mayor beneficio. El corazón de una persona con exceso de peso necesita mayor fortaleza para mantener la circulación que precisa su masa corporal aumentada; el almacenamiento de grasas en el abdomen hace que se limiten los movimientos del diafragma y se dificulte la normal contracción cardiaca; el acúmulo de grasas en el músculo cardiaco puede comprometer más todavía esas contracciones y, por todo ello, lo primero que hay que hacer en la dieta de los enfermos de corazón es reducir el aporte calórico total, para conseguir una disminución del peso.

Insuficiencia cardiaca

En la insuficiencia cardiaca congestiva por lesiones valvulares, endocarditis y lesiones del miocardio, los pacientes suelen presentar trastornos digestivos y, en ocasiones, alteraciones hepáticas por problemas congestivos que retardan la circulación del sistema de la porta. Se presentan problemas pulmonares y de oxigenación y, por ello, mal funcionamiento de los distintos órganos y aparatos, así como color azulado o cianosis de las partes distales, como dedos, labios y orejas; los tobillos se edematizan, el hígado aumenta de tamaño, y en los riñones disminuye la eliminación de orina. El depósito de líquidos y la falta de oxigenación producen cansancio; se acumula líquido en la pleura y en el peritoneo; aparecen dolores hepáticos; dificultades digestivas, y uno de los síntomas más sobresalientes es la disnea o dificultad respiratoria. Este cuadro se agrava a medida que lo hace el problema de la insuficiencia cardiaca, con lo que muchos enfermos se convierten en inválidos.

Se comprende que en la insuficiencia cardiaca congestiva avanzada existe, en general, una incapacidad total para realizar cualquier trabajo y el enfermo está imposibilitado para llevar a cabo todo tipo de función; no puede concentrarse, se confunde fácilmente porque le falla la memoria y el cuadro es de una gravedad extrema, como puede apreciarse. No obstante, no hay que ser excesivamente pesimistas; es importante hacer entender al enfermo que su enfermedad deriva fatalmente hacia la muerte si no sigue una terapia adecuada, pero que en cambio puede remitir y estabilizarse si se trata a tiempo.

El cardiaco debe tomar periódicamente la medicación que tenga aconsejada según los esquemas prescritos por su médico, pero además deberá seguir unas determinadas normas dietéticas e higiénicas que, de ninguna manera, podrá olvidar. Para que el paciente recupere el estado de compensación cardiaca, deberá restringir el ejercicio físico y eliminar el cloruro sódico de su dieta, con todos aquellos alimentos que lo contengan en exceso.

En la dieta de los enfermos con insuficiencia cardiaca hay que disminuir el aporte calórico total, con hidrocarbonados de fácil digestión, restricción de las grasas y utilización de las proteínas en cantidad normal o reducida en el caso de coexistir insuficiencia renal; también habrá que disminuir el aporte de sal hasta el límite máximo, sobre todo si hay edemas, y para ello es preciso tener en cuenta los alimentos que son ricos en sodio, con el fin de excluirlos de la alimentación. No se empleará, por tanto, mantequilla salada, carnes conservadas, tocino, salazones, pescados, quesos salados y leche; se disminuirá el aporte de agua, lo que será fácil de conseguir en cuanto la dieta sea pobre en cloruro sódico, y no se descuidará tampoco el resto de sales minerales (calcio, hierro y, sobre todo, el potasio en los casos en que se administran diuréticos que hacen que este sea eliminado por el riñón).

Cuando la insuficiencia cardiaca se haya compensado, es necesario observar unas medidas dietéticas que pueden servir de profilaxis a la descompensación, no hacer excesos alimenticios ni comidas copiosas y llevar una dieta hipocalórica para evitar el exceso de peso. En este libro se ofrecen dietas hiposódicas e hipocalóricas para hacerlo correctamente y se indica qué alimentos son más ricos en sodio.

Alimentación en la hipertensión arterial

Estadísticamente es hipertenso quien tiene una presión arterial máxima o sistólica de 160 mmHg o más, y una presión arterial mínima o diastólica de 95 mmHg o superior, en reposo y tomada en distintos exámenes consecutivos. El límite entre 160 y 95 mmHg es válido para personas de más de treinta años, pero se puede ser hipertenso a todas las edades; para los más jóvenes, se establece el límite normal entre 140 y 90 mmHg. Estas cifras son las admitidas por los especialistas, de acuerdo con la Organización Mundial de la Salud.

El origen de la hipertensión arterial, en ocasiones, responde a una causa precisa y se llega a esa conclusión después de realizar exploraciones adecuadas, mediante estudios analíticos de sangre, orina y radiológicos. Por lo general, en estos casos, la causa está en el riñón, es endocrina o se debe al consumo de determinados medicamentos. Pero muchas veces no se encuentra causa alguna, lo que ocurre en el 90 % de los casos, y entonces se trata de una hipertensión arterial esencial.

El hipertenso debe seguir la medicación que su facultativo le aconseje, porque tratar la hipertensión arterial supone hacer descender las cifras tensionales a la normalidad y mantenerlas permanentemente en ese nivel. Además, ha de tratar aquellas enfermedades a las que su hipertensión puede ser secundaria, así como controlar y evitar las complicaciones y eliminar los posibles factores de riesgo. El tratamiento será para toda la vida, y consistirá en un régimen alimenticio, una medicación y unas reglas higiénicas en el modo de vivir.

Respecto al régimen alimenticio, el hipertenso no debe pasar de 5 g de sal al día en su dieta, y para conseguirlo hay que retirar el salero de la mesa y no tomar sal de régimen; también se reducirá la ingesta de leche, queso, conservas, frutos salados, pasteles, charcutería, bicarbonato y bebidas carbónicas, y se evitarán las aspirinas, los mariscos o el pan con sal.

Tiene importancia en la alimentación de los hipertensos la moderación en la ingesta y el equilibrio de los principios inmediatos que se darán en la dieta. La cantidad de calorías no debe sobrepasar las necesidades, con arreglo al peso normal en relación con la talla.

Las proteínas se administran en dosis de 1 g por kg de peso, como mínimo. Se disminuirá este aporte cuando existan alteraciones de la función renal. Los hidratos de carbono y las grasas estarán en las proporciones adecuadas para suministrar las calorías necesarias. Es recomendable la ingestión de frutas y verduras, sales y vitaminas. La ingesta de agua debe controlarse por la posible retención de líquidos existente.

Prevención de la enfermedad coronaria: el colesterol

Los estudios que últimamente se vienen realizando, y que en 1985 supusieron para Goldstein y Brown el Premio Nobel de Medicina y Fisiología, han significado un gran avance en la lucha contra la cardiopatía isquémica originada por enfermedad de las arterias coronarias, que pueden determinar angina de pecho e infarto de miocardio.

El colesterol es el más conocido de los esteroles, entre las grasas. Es necesario en nuestro organismo, pero su exceso en la sangre determina alteraciones en las paredes de las arterias, que son el origen de la enfermedad arteriosclerótica a nivel de todo nuestro sistema arterial.

El colesterol, para ser transportado por el organismo, se une en el plasma la mayoría de las veces a lipoproteínas de baja densidad, y constituye el LDL-colesterol, al que se ha dado en llamar *colesterol malo*, porque está directamente relacionado con la enfermedad coronaria. Sin embargo, cuando el colesterol se une a lipoproteínas de alta densidad, o HDL-colesterol, se habla de *colesterol bueno*.

El llamado *colesterol malo* es realmente peligroso para la salud, ya que se acumula en la sangre y hace que se formen unas placas llamadas *ateromas*, que se depositan en las paredes de las arterias, obstruyéndolas. El HDL-colesterol, por el contrario, es enviado por las lipoproteínas de alta densidad a los órganos que se encargan de su eliminación, de modo que esta última fracción de colesterol del plasma previene la aparición de arteriosclerosis, ya que no se acumula en las paredes arteriales.

La obstrucción de las arterias supone una falta de riego en la zona que se encargan de nutrir. Eso significa una disminución del aporte de oxígeno y, si el territorio afectado es el músculo cardiaco, sobrevendrá la angina de pecho o el infarto.

Por ello, el conocimiento de las cifras de colesterol en nuestro organismo y su control son importantes para la prevención de la llamada cardiopatía isquémica, que es precisamente el origen de esos males (angina e infarto de miocardio).

Para evitar la formación de placas de ateromas en las arterias hay que restringir las grasas saturadas de la dieta y no ingerir más de 300 mg de colesterol al día. La confección de una dieta que permita comer sin que el contenido sea hiperlipemiante supone ciertos sacrificios que vale la pena hacer en aras de la salud. Existe una lista de alimentos que deben evitar todas aquellas personas que tienen cifras de colesterol en sangre más altas de lo normal (250 mg/dl o 6 mmol/l). Esos alimentos se exponen en la tabla de la página 183, así como la dieta que resulta más conveniente seguir.

Dieta en la arteriosclerosis

Hemos indicado que la esclerosis de las arterias es consecuencia inmediata de la formación de ateromas en las paredes arteriales, lo que provoca isquemia o falta de aporte sanguíneo y, por ello, de oxígeno a los tejidos.

Las arterias escleróticas no suelen originar síntoma alguno hasta que se establece su obliteración o acaban por ocluirse; eso implica la muerte de las células, que quedan sin irrigación y, por ello, sin oxígeno y, si ocurre en zonas del cerebro, el enfermo sufrirá pérdida de la memoria y estados de confusión con cambios en la conducta. Si se trata de arterias de las extremidades, notará debilidad y entumecimiento de los brazos y las piernas; si las lesiones se producen en las arterias coronarias, al faltar oxígeno en el músculo cardiaco, sobreviene —como ya hemos indicado— la angina de pecho o el infarto de miocardio.

En estos enfermos se restringirá la cantidad de alimentos, sobre todo si el paciente tiene el peso por encima del normal, y la dieta se acomodará a las necesidades de su peso teórico. La disminución de calorías se consigue rebajando la ración de grasas de la dieta, que se administrarán para cubrir el 25 % del total de calorías que aportemos al paciente. Las grasas serán no saturadas, procedentes de aceites vegetales: oliva, girasol, cacahuete. En los pacientes que consumen dietas ricas en estas grasas no saturadas, la incidencia de arteriosclerosis es menor.

La dieta en la arteriosclerosis ha de ser hipocalórica en los obesos, y normocalórica en pacientes de peso normal. Las grasas, en un 25 % del aporte calórico, serán de aceites vegetales, y se reducirán los alimentos ricos en colesterol. La determinación de colesterol, triglicéridos y lípidos totales puede servir para indicar la alimentación conveniente en esta enfermedad.

Tanto si hay arteriosclerosis como cuando existe una insuficiencia pancreática o mala absorción intestinal y conviene restringir las grasas, es útil la administración de aceites que contienen triglicéridos de cadena media (aceite de MCT). Este aceite nos permitirá mantener un aporte suficiente de calorías, ya que los triglicéridos de cadena media pueden ser hidrolizados y absorbidos en presencia de cantidades mínimas de lipasa y en ausencia de sales biliares.

Deben introducirse lentamente en la dieta, en pequeñas cantidades, aumentándolas gradualmente hasta conseguir la dosis necesaria (20 a 60 g/día), ya que una dosis excesiva o instaurada demasiado rápidamente puede provocar náuseas, vómitos, dolores, distensión abdominal y diarrea.

Nutrición y dietética

La experiencia enseñó al hombre, desde muy antiguo, a reconocer los alimentos que podía utilizar, al confeccionar la comida, con el menor riesgo para su salud.

En la actualidad, afortunadamente, gracias al desarrollo de las ciencias de la nutrición, se conoce la composición de la mayoría de los alimentos y su valor nutritivo, lo que permite elegirlos correctamente y de una manera racional, no intuitiva, soslayando los posibles errores que una dieta inadecuada es capaz de acarrear.

Hoy estamos en condiciones, gracias a estos conocimientos, de disponer de dietas adecuadas que cubran las necesidades requeridas por el organismo en cualquier etapa de la vida para realizar sus funciones; tanto en la salud como durante la enfermedad, es posible mejorar nuestra alimentación adaptándola a los requerimientos y las exigencias del consumo de energía que requieren las diversas situaciones de la existencia. Aparte de la enfermedad, también el trabajo y la realización de determinados esfuerzos, entre los que se incluye la práctica del deporte, reclaman un aumento del gasto energético.

Este libro facilita toda la información que se necesita para poder confeccionar dietas que cubran las necesidades calóricas de nuestro organismo en las distintas etapas y situaciones de la vida.

Podemos comenzar preguntándonos si es correcto nuestro modo de nutrirnos, derivado del hábito o de la costumbre;

debemos saber si seguimos una alimentación correcta, y conviene que conozcamos si son correctos también el horario y la distribución que solemos hacer de las comidas, así como sus cantidades y su composición. La pregunta más importante es si influye todo ello en nuestra salud. Estas y otras cuestiones las vamos a responder desde aquí, y así lograremos seguir la dieta que más nos conviene tanto en la salud como en la enfermedad.

La comida no sirve únicamente para saciar el hambre, aunque esta es la intención primordial del hombre cuando come.

Con el tiempo, en las diversas civilizaciones se ha creado una verdadera cultura en torno a los alimentos y el uso que de ellos hacemos. Tanto es así que lo que comemos no solamente está determinado por los productos de los que disponemos, al ser propios de la región en que vivimos, sino que la mayoría de las veces la dieta está mediatizada por la costumbre, por ciertas dependencias sociales e, incluso, por la creencias religiosas.

Saber comer es una necesidad si deseamos mantener sano nuestro cuerpo, pero aunque parezca extraño, no es lo que mejor hacemos las personas.

En ocasiones, una dieta muy cara es insuficiente para nuestro organismo, incluso poco beneficiosa, y con menos dinero podríamos confeccionar platos agradables cuyo contenido cumpla con las necesidades que requiere el cuerpo humano. Además, hay situaciones especiales en las diversas etapas de la vida, y momentos de enfermedad y convalecencia en los que las funciones orgánicas de nuestro mecanismo interno precisan atenciones especiales en lo referente a los alimentos que le ofrecemos.

Por todo esto, vamos a confeccionar en esta obra, para cada situación que la vida del ser humano exige, una dieta especial.

Hábitos alimentarios y tradiciones regionales

La comida no sirve únicamente para saciar el hambre, aunque este es el aviso de que nuestro cuerpo necesita ingerir sustancias para transformarlas en energía calórica.

Actualmente existe en torno a los alimentos y al uso que de ellos se hace una vasta cultura, y con el hecho de comer se cumple una función social; pero, sin embargo, por encima de todo eso está su función de dar al organismo la energía suficiente para que se puedan llevar a cabo los procesos metabólicos que permiten la vida.

Para el hombre primitivo, la comida era únicamente un medio de aplacar el hambre. Con el paso del tiempo, comer se ha convertido, además de en una fuente de placer, en una virtud que se aprende a desarrollar, una forma de participación familiar y social e, incluso, un modo de expresarse. De ahí que se hable de arte culinario.

El diferente modo de elaborar la comida no depende únicamente de los gustos de cada grupo o colectivo de personas que la realiza, sino de sus posibilidades económicas y necesidades laborales. Quien se ocupa de confeccionar la comida para el grupo debe conocer lo que precisan las personas que lo componen, tanto como lo que les ofrece.

En países que tienen un alto nivel económico, las posibilidades serán variadas pero, al final, la comida se escogerá de acuerdo con las necesidades calóricas de cada individuo. Dentro de una familia (por ejemplo integrada por dos personas jóvenes, un par de niños y un anciano que viven bajo el mismo techo), se pone a prueba la habilidad y los conocimientos del cocinero o de la cocinera, pues debe combinar todas la posibilidades que le ofrece su saber culinario. Dos adultos sanos que trabajan, un niño enfermo, un adolescente sano y una persona mayor, que comen en la misma casa, obligan a unos conocimientos de cocina que van más allá del saber esmerarse en la confección de sabrosos platos que sacien el apetito. La composición de los alimentos con los que se hacen estos platos debe cubrir también las necesidades calóricas de quienes los comen, pues sus necesidades son diferentes.

La cesta de la compra

Si el presupuesto hogareño es limitado, habrá que abstenerse de aportar calorías innecesarias como las existentes en los caramelos, las bebidas gaseosas y los pasteles que tanto gustan a los pequeños; en cuanto a las proteínas, habrá que aprender a comprar piezas de carne que tienen el mismo aporte nutritivo que la de primera clase, y en lo que respecta a las grasas, es necesario conocer, por ejemplo, que la margarina posee el mismo valor nutritivo que la mantequilla, y que la leche descremada (e incluso en polvo), si está adecuadamente tratada, puede sustituir a la leche entera.

Quien se ocupa de la despensa muchas veces ignora el valor nutritivo de los alimentos, y compone la cesta de la compra en función de las inclinaciones de su familia y atendiendo al presupuesto con el que cuenta. En ocasiones compra de más, y otras veces no alcanza a acertar en lo necesario para la salud de los suyos. En el mercado se encuentran proteínas, hidratos de carbono, grasas, vitaminas, minerales y agua, bajo todo tipo de formas deseadas. Estos nutrientes no se venden como tales, sino en forma de alimentos como pan, pastas, cereales, verduras, frutas, carne, pescado, leche y mantequilla, que es el modo como se compran. Para saber qué comemos, es preciso conocer, al menos aproximadamente, la cantidad de nutrientes fundamentales que componen tales alimentos. Así sabremos su valor calórico y la energía que aportan a nuestro organismo.

Debemos ser conscientes y preocuparnos por nuestro cuerpo, porque dependemos de él. Un ejecutivo, al igual que un deportista, se esforzará en seguir una dieta a pesar de las oportunidades que la vida social le brinda para dejar de cumplir con ella. Cuando no hay una motivación, cualquier razón es buena excusa para dejar de hacer una dieta que, en ocasiones, es necesaria. En este caso, sobrevendrá la obesidad, que es una amenaza constante para la salud, ya que las enfermedades son más frecuentes estando obeso. Debemos comer lo que necesitamos para vivir, y eso se consigue conociéndonos nosotros y conociendo también aquello que comemos.

Los hábitos del grupo

El comportamiento del grupo social en el que se vive influye en los hábitos alimenticios de cada individuo. De este modo, muchas personas aceptan o rechazan lo que fuera de ese grupo se les ofrece para comer. El rechazo, muchas veces, no comporta un acierto. El que come debe conocer lo que es bueno y malo para él, dentro y fuera del grupo en que vive. Si se considera que la obesidad es natural a partir de ciertas edades, y en el grupo todos tienen exceso de peso, se incurrirá en ese error con la mayor naturalidad; en estos casos, será difícil motivar al individuo para hacerle ver que le conviene adelgazar. El ejecutivo y el deportista, conscientes de sus intereses, no consumirán alimentos de elevado valor nutritivo en cantidad abundante a pesar de las oportunidades que su posición social les brinda: se abstendrán de su exceso, harán uso correcto de los mismos y, así, se beneficiarán.

Sabiendo que comer es una necesidad para vivir, muchas personas a las que se les aconseja una dieta por enfermedad se resisten a seguirla pensando que adelgazarán, perderán fuerzas y se encontrarán peor, con lo que su enfermedad se hará más evidente, según ellos. Es preciso orientar a estas personas y hacerles ver lo que les conviene, para que acepten la dieta. La mayoría de las veces adaptarse a un nuevo régimen dietético es un acto de habilidad y paciencia.

La cocina regional

En nuestro país existe una cocina rica y variada que, al igual que en otros sitios, presenta mayores diferencias según se sitúe en la costa o en el interior. El gazpacho, la paella, la fabada o los pistos, los estofados, la pasta, los asados de carne o las zarzuelas de pescado y la menestra de verduras, así como las frutas y diversos tipos de postres y repostería, en principio se confeccionaron, además de por la facilidad que da el tener a mano ciertos productos, respondiendo a las necesidades energéticas determinadas por el gasto calórico que exige ser agricultor, pescador, minero o trabajador en una fábrica. De todos modos, el progreso y un mayor conocimiento de la cocina actual hacen que tales platos, inicialmente regionales, se confeccionen ahora en todos los lugares y estén al alcance de cualquier mesa que pueda permitírselos, cuando años atrás era imposible degustarlos fuera de su lugar de origen.

Si nos fijamos, los platos típicos de las diversas regiones españolas están compuestos por ingredientes que constituyen una dieta equilibrada. La *paella* valenciana es plato de gran riqueza calórica y no muy difícil de digerir: las verduras y hortalizas aportan minerales y vitaminas, en tanto que las carnes y los mariscos proporcionan las proteínas necesarias.

El *gazpacho* andaluz es un plato muy refrescante y rico en vitaminas, pero contiene, gracias al aceite y al pan, las calorías suficientes. El *cocido* madrileño es un plato muy completo, que también contiene carne, verduras y legumbres, lo que le otorga un alto nivel calórico. El *lacón con grelos* gallego aporta las cantidades necesarias de hidratos de carbono, grasas y proteínas al llevar patatas, verdura, alubias, carne y embutidos. La *fabada* asturiana también contiene los tres principios inmediatos, predominando las legumbres, por lo que su número de calorías es alto. En el País Vasco, el *marmitako* tiene un alto contenido proteico gracias al bonito. La *escudella i carn d'olla* catalana presenta también grasas, hidratos de carbono y proteínas en cantidad suficiente para otorgarle un gran papel nutritivo. Si estos platos se complementan con el consumo de frutas, leche y queso, se consigue una correcta alimentación, sin necesidad de otro cuidado que el de no sobrepasar el número de calorías que lleve a un sobrepeso. Estos platos pueden encontrarse en cualquier región y resulta muy fácil aprender a cocinarlos.

Alimentos conservados

Los platos de las más diversas y alejadas etnias, en cuya confección inciden factores nacionales, religiosos y culturales, han llegado a los cercanos restaurantes y entre ellos podemos degustar las *delikatessen* alemanas, las frutas italianas, los elaborados platos chinos y las carnes *kasher* judías.

Hoy pueden comerse todo el año alimentos que antaño eran de temporada, y la cocina de mercado, por otra parte tan en boga actualmente, no deja de ser un contrasentido. Son muchos los productos que podemos adquirir en cualquier estación, gracias al adelanto existente en los mecanismos de conservación de los alimentos. La pregunta que surge es si los aditivos y conservantes les hacen perder valor nutritivo.

Existen muchos alimentos en el mercado y gran cantidad de comidas y bebidas, pero si se utilizan como únicos componentes de la dieta, pueden originar desnutrición y enfermedades. Tal es el caso del abuso de bebidas alcohólicas, las dietas vegetarianas, macrobióticas y otras de las que a continuación hablaremos, que no cuentan con todos los nutrientes esenciales, vitaminas y minerales necesarios para que nuestro organismo desarrolle sus funciones con normalidad.

Influencia de los alimentos sobre la salud

Una dieta errónea puede originar enfermedades, si no se corrige a tiempo. Por el contrario, pautas acertadas en el comer consiguen elevar el nivel trófico del organismo.

Los alimentos portadores de adecuados nutrientes esenciales para el organismo evitan los estados carenciales y favorecen el desarrollo óptimo de las personas. Por esa razón, conscientes de ello, los gobiernos han protegido la utilización de dietas convenientes para los obreros en las empresas e industrias donde comen y trabajan; en el ejército, la dieta es objeto de constantes mejoras.

En los países en vías de desarrollo se intenta introducir alimentos necesarios, a la vez que se intenta que la población abandone ciertos hábitos perjudiciales.

De este modo, enfermedades producidas por carencias vitamínicas, como el escorbuto o el beri-beri, han desaparecido gracias a la adición de vitamina C en los zumos, de vitaminas A y D en la margarina y de vitaminas del grupo B más hierro y calcio en la harina blanca. En cada comunidad toda persona (y, lógicamente, con mayor razón los enfermos) debe escoger el régimen dietético que más conviene a sus necesidades; la modificación de hábitos es un proceso lento y los médicos, dietistas, enfermeras y preparadores de comida han de centrar su empeño en conseguirlo. Este libro también lo intenta.

Una madre será orientada sobre la alimentación que ha de dar a su bebé; tiene que ser adiestrada también en el tipo de dieta que a ella le conviene durante el embarazo para no sobrepasar, en esa situación de su vida, un peso determinado; ha de conocer que algunos dichos populares, como el que dice que una madre tiene que comer por dos, carecen de todo fundamento científico y no son ciertos; tras el parto va a necesitar un aporte mayor de calorías. De todo ello debe ser informada.

Es indiscutible que en los hospitales se encuentra el personal sanitario idóneo para orientar adecuadamente sobre la alimentación de los pacientes; curiosamente, en estas instituciones no siempre se llevan a cabo tales normas de un modo correcto y satisfactorio. Muchas veces es el jefe de cocina, junto con quien realiza la compra, quien se encarga de componer las dietas para el personal, y estas no siempre son como debieran. Cosa muy distinta son las exigencias del Departamento de Dietética para los enfermos que tienen necesidades muy concretas. Se da gran importancia a los regímenes terapéuticos y se hace una gran labor con aquellas personas que están verdaderamente enfermas; quienes no lo están tanto, después de una larga estancia en el hospital, suelen ser dadas de alta muchas veces con problemas carenciales. El enfermo que padece celiaquía recibirá una dieta sin gluten, sin la cual no mejoraría; por el contrario, aquel que esté en el hospital por una fractura de fémur, es posible que no reciba la dieta adecuada (especialmente en los centros geriátricos, donde suelen ponerse de manifiesto en los ingresados situaciones hipotróficas y distróficas que deben corregirse). Si esto ocurre así en centros oficiales con la información necesaria, es más fácil todavía que suceda en domicilios privados. Si los medios económicos de una familia son escasos, tendrán que esforzarse en seleccionar los alimentos más baratos que contengan el suficiente poder nutritivo. Por ello es necesario que estén bien informados y que conozcan el valor calórico de los alimentos.

En las páginas siguientes se facilitan recetas adecuadas para distintos tipos de problemas específicos, aunque los platos que se indican son igualmente aptos también para las personas sanas.

En cuanto a las dietas para los enfermos cardiacos o los que tienen alto el nivel de colesterol, hay que decir que suelen constar de más alimentos prohibidos que permitidos.

Para la insuficiencia cardiaca, bastará preparar cualquier plato prescindiendo de la sal, en tanto que para el colesterol la forma de realización de los alimentos deberá ser a la plancha o hervidos.

Recetas
para no engordar

Los ingredientes de las recetas que figuran en estas páginas se han calculado para cuatro personas, salvo aquellos casos en los que se especifique otra cosa.

POLLO A LA CATALANA

1 pollo
2 cebollas
2 dientes de ajo
2 pimientos rojos
50 g de tomate
sal y pimienta

Calentaremos el recipiente, totalmente vacío, hasta que, al sacudir en su interior la mano humedecida, el agua que se desprenda forme bolitas.

Mientras, habremos limpiado cuidadosamente el pollo, eliminando muy bien la piel y la grasa; lo trocearemos, pesando los 150 g que corresponden a la persona sometida al régimen adelgazante.

Luego lo doraremos y lo iremos reservando en la tapa; seguidamente, en la cazuela doraremos ligeramente los ajos y la cebolla finamente picados, así como los pimientos limpios de semillas y cortados en tiritas; salpimentaremos las verduras y taparemos, bajando el fuego y dejándolos cocer entre 5 y 8 minutos. Añadiremos el pollo y mantendremos, a fuego lento, aproximadamente unos 30 minutos. Puede servirse inmediatamente.

POLLO A LA NATURAL

1 pollo
1 cebolla grande
1 tomate
1 hoja de laurel
1 ramita de perejil
sal y pimienta

Procederemos a calentar el recipiente y a la limpieza del pollo de la misma forma que en la receta anterior.

Doraremos por todas las caras los pedazos de pollo, que iremos colocando en la tapadera. Una vez dorados todos, los pondremos en la cazuela y añadiremos el tomate partido, la cebolla igualmente troceada, una hoja de laurel y la ramita de perejil. Taparemos y pondremos el fuego al máximo, dejando que cueza; a los 10 minutos, aproximadamente, le daremos la vuelta y concluiremos la cocción.

Después de apartar la hoja de laurel, pasaremos por la batidora el resto de la salsa obtenida; rectificaremos la sal y la pimienta.

ABADEJO EN SALSA DE CEBOLLA

500 g de abadejo fresco
zumo de limón
5 cebollas medianas
1 tomate
apio
sal y pimienta
especias al gusto

Una vez limpio el abadejo, lo cortaremos en pedazos regulares y dejaremos que macere, en zumo de limón, durante unos minutos.

Entretanto, limpiaremos y partiremos en finas rodajas las cebollas y el tomate; llevaremos todo a la cazuela, calentándolo hasta la ebullición; pondremos el fuego al máximo y, con la cazuela bien tapada, dejaremos cocer durante unos 25 minutos. Separaremos el pescado, disponiéndolo en una bandeja; pasaremos por el chino la salsa de cocción, añadiendo un poco de agua, si fuera preciso, y la verteremos sobre el pescado. Previamente, le habremos añadido las especias que nos sean más gratas.

GAMBAS AL AJILLO

600 g de gambas
3 o 4 dientes de ajo
perejil y sal

Calentaremos hasta el punto indicado anteriormente (recetas de pollo) el recipiente, e introduciremos las gambas, bien lavadas, hasta lograr que se doren por ambas caras; añadiremos la sal, los ajos picados y el perejil, apartaremos la cazuela del fuego y la mantendremos cerrada durante unos minutos para que el marisco se impregne del sabor de los condimentos añadidos. Las serviremos acompañadas con una guarnición de ensalada del tiempo.

HÍGADO CON CEBOLLA

400 g de hígado de ternera
1 cebolla grande
mostaza
sal y pimienta

En la cazuela precalentada, tal como hemos indicado, doraremos los filetes de hígado; cortaremos la cebolla en aros grandes, que colocaremos sobre el hígado, y taparemos. Bajaremos el fuego y mantendremos el calor durante unos 15 minutos, aproximadamente.

Sazonaremos con sal, pimienta y una pizca de mostaza.

ROSBIF

1 kg de rosbif
1 tomate
1 cebolla
1 hoja de laurel
pimentón
sal, pimienta

Nota: este plato, dadas las características de las piezas del rosbif, puede prepararse para dos comidas, tal como suelen hacerlo en Inglaterra, su país de origen.

Debemos elegir carne bien reposada, dado que, recién muerta, resulta sumamente dura.

Frotaremos la superficie con sal, pimienta y pimentón. Calentaremos la cazuela y doraremos la carne. Con el fuego al mínimo, añadiremos la cebolla en rodajas y el tomate pelado (basta con escaldarlo en agua hirviendo para poder quitarle bien la piel) y mantendremos tapado el recipiente durante 25 minutos; después daremos la vuelta a la pieza y proseguiremos la cocción durante 25 minutos más, si queremos que la carne resulte muy hecha. Para que el interior quede sangrante reduciremos los tiempos de cocción.

Cortaremos en lonchas muy finas y serviremos. El jugo de cocción, pasado por la batidora tras haber apartado el laurel, lo serviremos en una salsera aparte.

Lo que sobre puede conservarse unos días en la nevera; naturalmente, dependerá del número de estrellas del frigorífico y del punto de cocción de la carne, ya que en Gran Bretaña son frecuentes las intoxicaciones debidas al rosbif... y al escaso cuidado puesto para su conservación.

Recetas contra *ulcus*, gastritis y duodenitis

Los ingredientes de las recetas que figuran en estas páginas se han calculado para cuatro personas.

SOPA DE PAN Y CEBOLLA

pan duro
1 cebolla
agua
4 yemas
un chorrito de aceite
sal

La noche anterior pondremos a remojo el pan seco que, en el momento de preparar la sopa, escurriremos debidamente y llevaremos a una cazuela grande, con una cebolla cortada en gajos, una pizca de sal y un chorrito de aceite.

Mantendremos en ebullición, como mínimo, durante media hora. No importa que prolonguemos el tiempo mientras el agua no se evapore; si esto sucediera, añadiremos agua hirviendo.

El grado de consistencia de la sopa dependerá, naturalmente, de la cantidad de pan utilizado, y eso nos permitirá hacerla a nuestro gusto.

Una vez finalizada la cocción, pasaremos por la batidora y dejaremos enfriar ligeramente; añadiremos las yemas y volveremos a poner en funcionamiento la batidora. Resulta una crema deliciosa.

VICHYSSOISE

2 manojos de puerros
1 cebolla grande
400 g de patatas
leche
mantequilla
perejil
sal

Limpiaremos los puerros, dejando sólo para utilizar la parte blanca, que cortaremos en trozos; procederemos de la misma forma con la cebolla, y llevaremos todo a ebullición, con las patatas peladas y cortadas en trozos regulares. Una vez cocidas todas las verduras las escurriremos bien y las pondremos en la batidora (advertiremos que si bien esta no puede utilizarse en la elaboración del puré de patatas, ya que tiene consistencia gomosa, no sucede lo mismo en este caso debido a la presencia de las demás verduras), añadiendo la cantidad de leche fría que se considere precisa para la obtención de un puré bastante espeso. Con las últimas vueltas, rectificaremos la sal y añadiremos mantequilla.

Dispondremos la masa en tazas de consomé y dejaremos que enfríe unas horas en la nevera; al servir, espolvorearemos con perejil finamente picado.

Advertiremos que, aunque su versión clásica es la de plato frío, son muy numerosas las personas que lo prefieren recién hecho, es decir, caliente o tibio, ya que no desmerece en absoluto su sabor.

PURÉ DE TIRABEQUES

500 g de tirabeques (guisantes capuchinos)
agua
4 cucharadas de guisantes cocidos
1 nuez grande de mantequilla
sal

Coceremos los tirabeques, con escasa agua hasta que estén completamente blandos, casi deshechos. Los guisantes, frescos o congelados, los habremos cocido previamente.

Con la ayuda de la batidora eléctrica, trituraremos los tirabeques y a continuación los pasaremos por el colador chino, añadiendo el agua de cocción hasta obtener la consistencia deseada. Mezclaremos con la mantequilla, que ha de deshacerse totalmente, y añadiremos los guisantes cocidos.

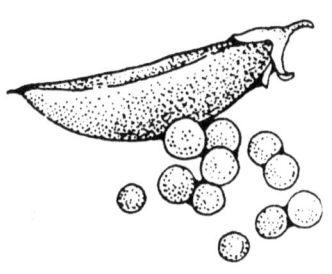

MERLUZA A LA VASCA

4 rodajas grandes de merluza
1 cebolla pequeña
1 cucharadita de harina
1 cucharadita de guisantes cocidos
un chorrito de aceite
unas puntas de espárragos
sal

Calentaremos el aceite en el que rehogaremos, sin que llegue a dorarse, la cebolla, finamente rallada; añadiremos la harina y, cuidadosamente, la desharemos en agua, procurando que quede clarito.

Llevaremos la merluza a la cazuela, que ha de ser baja y ancha para que las rodajas no queden superpuestas; les daremos la vuelta y, cuando estén cocidas por ambas caras, añadiremos los guisantes y las puntas de espárrago, que se habrán cocido aparte.

HUEVOS A LA FLORENTINA

500 g de espinacas frescas o un paquete de espinacas congeladas
4 huevos
mantequilla
sal

Coceremos las espinacas en escasa cantidad de agua (suele bastar la del lavado, sin escurrirlas excesivamente o, en las congeladas, la propia agua retenida), añadiendo algo de sal.

Una vez escurridas las desharemos con el tenedor o la batidora eléctrica (es más aconsejable este último aparato), rectificando la sal y añadiendo la mantequilla cruda.

Repartiremos el puré en los platos correspondientes y romperemos encima un huevo, que cuajaremos introduciéndolo unos momentos en el horno.

También es posible escalfarlos aparte en una sartén, con agua que contenga unas gotas de vinagre o zumo de limón.

El puré de espinacas puede sustituirse por cualquier otra verdura, y los huevos se prepararán de la misma forma.

PECHUGAS DE POLLO A LA CREMA

2 pechugas de pollo deshuesadas y cortadas en filetes
1 cebolla mediana
1 penca de apio tierno
mantequilla
nata líquida
sal

Una vez calentado el fondo del recipiente de forma conveniente —hasta la formación de pequeñas bolitas al sacudir sobre él la mano mojada—, doraremos por ambas caras los filetes de pechuga y los reservaremos, colocándolos sobre la tapadera. Cortaremos finamente la cebolla y el apio, y pasaremos a rehogarlos en la misma cazuela, dándoles vueltas durante unos 5 minutos.

Después de incorporar los filetes de pechuga, pondremos el fuego al máximo y dejaremos que cuezan, bien tapados, entre 15 y 20 minutos, hasta que estén bien hechos. El tiempo dependerá del grosor de los filetes. Los apartaremos y pasaremos por la batidora el fondo de cocción, añadiéndole la mantequilla y la nata.

Recetas para operados del estómago

Es evidente que en el periodo inmediatamente postoperatorio es el propio centro hospitalario el que se ocupará de la dieta a la que debe hallarse sometido el enfermo. Luego, cuando este regrese a su domicilio, y ya en franco periodo de convalecencia, tal como se indica, paulatinamente se irán introduciendo nuevos alimentos hasta llegar a un tipo de dieta prácticamente normal.

Consideramos que los platos que se han indicado para el *ulcus* y otros tipos de dolencias gástricas son igualmente aptos para la alimentación de los operados de estómago.

Los ingredientes de las recetas que figuran en estas páginas se han calculado para cuatro personas, salvo aquellos casos en los que se especifique otra cosa.

ARROZ A LA CUBANA

4 tazas de café de arroz
1 ajo
1 hoja de laurel
4 huevos
mantequilla
sal

Lavaremos el arroz bajo el chorro del grifo en un colador, para eliminar el polvillo que suele recubrirlo, y lo coceremos en abundante agua hirviendo, con sal, el diente de ajo y la hoja de laurel. El tiempo de cocción es de 18 a 20 minutos, aunque siempre se ha de tener en consideración la dureza (presencia de cal) del agua, ya que conviene que, sin pasarse, el arroz esté perfectamente cocido.

Para los restantes comensales, pondremos el huevo frito; para el operado, conviene escalfarlo, es decir, cuajarlo en agua con unas gotas de vinagre, procurando que la yema quede blanda. Mezclaremos el arroz, y serviremos acompañado del huevo.

PASTA EN BLANCO

*400 g de pasta italiana
mantequilla
queso blando no fermentado
sal*

Así como para el recién operado del estómago conviene que el arroz esté algo más cocido de lo que acostumbramos usualmente, con la pasta no ocurre así, y esta debe estar *al dente*, ya que si se cuece en exceso resulta más difícil de digerir. Para obtener este punto de cocción, habrá que emplear agua en cantidad abundante y vigilar constantemente el punto de cocción a partir de los 7 u 8 minutos contados desde que el agua comienza a hervir.

Deberemos tener ya a punto el colador, y echar un chorrito de aceite crudo antes del escurrido; nunca la pondremos bajo el agua fría.

Una vez escurrida, la llevaremos a una ensaladera o sopera donde la mezclaremos con la mantequilla y el queso; serviremos inmediatamente.

PURÉ DE LEGUMBRES

400 g de legumbres (judías, garbanzos o lentejas)
1 cebolla
1 patata grande
1 huevo
agua
sal
4 cucharadas de pasta de sopa (ocasionalmente)

En agua en ebullición, con poca sal, verteremos las legumbres, que previamente habrán estado unas cuantas horas en remojo, si se trata de judías o garbanzos; cuando la cocción se encuentre adelantada, es decir, falte una media hora, añadiremos la cebolla rallada y la patata en pedacitos, y completaremos la cocción con algo de aceite.

Pasaremos las legumbres por la batidora y por el prensapurés, para la total eliminación de las pieles, añadiendo la cantidad de agua de la cocción precisa para la obtención de un puré.

Apartaremos del fuego, después de mezclar bien, y añadiremos el huevo batido cuando se haya enfriado algo. Cuando el enfermo se encuentre en condiciones de ingerir una alimentación más sólida, podemos añadir pasta de sopa, cocida aparte.

RAPE ASADO

1 cola de rape de 1 kg, aproximadamente
1 cebolla
1 tomate
1 hoja de laurel
mantequilla
pimentón dulce
sal

Limpiaremos la cola de rape, quitando cuidadosamente la piel y la espina central, lo que proporciona dos pedazos cónicos, que se atan juntos, en posición invertida para unificar el grosor de la pieza.

Lo llevaremos a la cazuela con la cebolla y el tomate troceado, espolvorearemos ligeramente con pimentón y sal, y añadiremos la hoja de laurel; dejaremos cocer, tapado y a fuego lento, dándole la vuelta aproximadamente a los 10 minutos de cocción.

Reservaremos el pescado, dejando que terminen de hacerse las verduras. Apartaremos la hoja de laurel y pasaremos el fondo de cocción por la batidora eléctrica, añadiéndole la mantequilla.

Después de cortar el pescado en finas lonchas, lo dispondremos en una bandeja y recubriremos con la salsa.

ENSALADA DE ZANAHORIAS

1 manojo de zanahorias, tiernas y pequeñas
1 o 2 yogures

Después de lavar y secar las zanahorias, las rallaremos con un aparato adecuado. Las aliñaremos con el yogur y un poco de sal. Si las zanahorias son algo grandes (lo importante es que sean muy tiernas), han de rascarse antes de lavarlas.

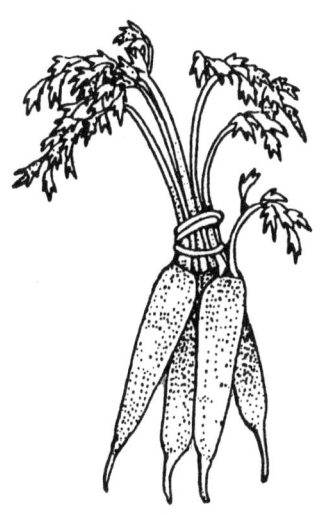

ARROZ CON LECHE

4 tazas de arroz
agua
leche
azúcar
unas cucharadas de compota

Después de lavar el arroz para eliminar el polvillo adherido, lo verteremos en abundante agua en ebullición, donde lo mantendremos hasta su casi completa cocción; una vez escurrido, acabaremos de cocerlo en leche hirviendo, a la que habremos añadido azúcar. Sobre una bandeja extenderemos la compota y, sobre ella, repartiremos el arroz con leche. Dejaremos enfriar antes de servir.

COMPOTA DE FRUTAS

manzanas, peras, melocotones y albaricoques
azúcar

Nota: estas son las frutas más indicadas para la compota, pero podemos elegir cualquiera de nuestro gusto.

Si empleamos cazuelas de fondo isotérmico, la preparación es muy sencilla, pues basta con pelar las frutas, limpiarlas de pepitas o huesos y partirlas en pedacitos, manteniéndolas a fuego muy lento hasta que se hayan ablandado. Señalaremos que se necesita muy poco azúcar e incluso puede prescindirse de esta si así fuera aconsejado.

Recetas para diabéticos

Los ingredientes de las recetas que figuran en estas páginas se han calculado para cuatro personas.

PATATAS ST. MORITZ

500 g de patatas
50 g de mantequilla
1 latita de caviar (o sucedáneo) de 100 g
1 yogur natural

Elegiremos patatas medianas (que entren aproximadamente cuatro en los 500 g), de tamaño uniforme y de buena forma; las lavaremos cuidadosamente, cepillándolas si es preciso para eliminar todo resto de tierra, y las asaremos en el horno, dándoles vuelta de vez en cuando hasta que estén perfectamente hechas.

Las sacaremos del horno y las partiremos por la mitad, a lo largo, embadurnando el corte con mantequilla, que se fundirá por efecto del calor. Dispondremos sobre la mantequilla una cucharada de yogur y repartiremos entre las medias patatas el contenido de la lata de caviar. Serviremos inmediatamente.

PECHUGA DE PAVO CON CHAMPIÑONES

400 g de filetes de pechuga de pavo
300 g de champiñones
1 cebolla pequeña
10 g de mantequilla
1 copa de jerez
sal

Cortaremos la cebolla en rodajas finas y la rehogaremos en la mantequilla fundida; doraremos los filetes de pavo en la misma grasa y añadiremos los champiñones, cortados si son de buen tamaño, y el jerez. Taparemos la cazuela y dejaremos cocer a fuego lento durante 20 minutos.

CREMA DE CALABACÍN

800 g de calabacines
100 g de cebolla
*50 g de queso para fundir (*mozzarella *o quesitos en porciones)*
10 g de mantequilla
perejil
sal

Pelaremos y trocearemos los calabacines, lo mismo que la cebolla, haciéndolos hervir en escasa cantidad de agua; cuando las verduras estén completamente cocidas, las pasaremos por el batidor eléctrico, añadiendo el queso y la mantequilla. Si fuera preciso, agregaríamos algo de agua de cocción para proporcionarle la consistencia deseada, que ha de resultar cremosa. Espolvorearemos con perejil finamente picado y serviremos muy caliente.

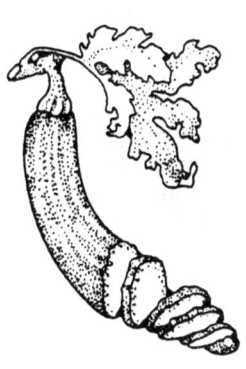

MERLUZA RELLENA

1 cola de merluza de unos 600 g
1 huevo duro
25 g de jamón serrano
20 g de mantequilla
10 g de aceite
1 limón
ajo
perejil
sal y pimienta

Abriremos la cola de la merluza de arriba abajo, por la parte del vientre, utilizando un cuchillo bien afilado (se le puede pedir al vendedor que lo haga), para eliminar la espina central; la colocaremos sobre una madera o sobre el mármol y untaremos su interior con la mantequilla fundida. Sobre la mitad de la pieza, dispondremos el huevo duro cortado en rodajas, el jamón en tiritas, el perejil y el ajo finamente picados; espolvorearemos con sal y algo de pimienta, y la volveremos a cerrar.

Con un cuchillo bien afilado, haremos cortes, no excesivamente profundos, que corresponderán a las cuatro raciones, y en cada uno de ellos dispondremos una media rodajita de limón. Llevaremos a una bandeja de horno ligeramente untada de aceite, rociaremos con el resto y hornearemos hasta que esté cocida. Puede acompañarse con ensalada del tiempo.

También hay quien prepara en el fondo de la bandeja un lecho de verduras (cebolla, tomate, pimientos, etc.).

CÓCTEL DE GAMBAS

400 g de colitas de gamba peladas
200 g de hojas de lechuga, tierna y blanca
zumo de 2 naranjas
4 cucharadas de mahonesa
1 cucharada de ketchup
1 copita de coñac
sal

Una vez limpia y escurrida la lechuga la cortaremos, reservando las cuatro puntas de hoja más bonitas, que servirán de adorno a las copas. Repartiremos la verdura en cuatro copas adecuadas (son las de fondo plano, aunque también pueden emplearse las de cava planas), y sobre ella dispondremos las gambas, cortadas o enteras, según el tamaño. Prepararemos el aliño con el zumo de dos naranjas, 4 cucharadas de mahonesa, el ketchup y el coñac, todo bien mezclado en la batidora eléctrica. Decoraremos con la punta de hoja de lechuga que hemos reservado, y mantendremos por lo menos durante una hora en el frigorífico antes de llevarlo a la mesa.

POLLO A LA CHILINDRÓN

1 pollo tierno
50 g de jamón serrano
250 g de tomates
2 pimientos verdes
cebolla
aceitunas
aceite
ajo
sal y pimienta

Después de limpiar el pollo lo partiremos en pedazos pequeños; calentaremos el aceite y freiremos en él los dientes de ajo, que apartaremos en cuanto se hayan dorado; rehogaremos el pollo, sazonado con sal y pimienta, hasta que se haya dorado la totalidad de la superficie. Añadiremos el jamón, cortado en pedacitos, y la cebolla rallada, removiendo bien; a continuación, incorporaremos los pimientos verdes cortados en tiritas y los tomates, desprovistos de piel y cortados con el cuchillo. Dejaremos hervir a fuego lento hasta que todo esté perfectamente cocido.

ALCACHOFAS CON ALMEJAS

500 g de alcachofas
400 g de almejas (o chirlas)
10 g de aceite
una pizca de harina
2 dientes de ajo
1 vaso de vino
perejil
sal

Es preferible preparar este plato con alcachofas de lata, bien escurridas. En una cazuela, preferentemente de barro, abriremos el marisco, bien lavado y escurrido, con el aceite y los dientes de ajo picados; cuando se haya abierto (apartaremos aquellos que hayan permanecido cerrados), verteremos un vaso de vino blanco seco, espolvorearemos con un pellizco de harina y añadiremos algo de agua; agregaremos las alcachofas y proseguiremos la ebullición hasta que la salsa se haya espesado ligeramente. Puede añadirse pimienta blanca.

MAGRAS DE JAMÓN AL TOMATE

300 g de jamón
1 bote de tomate
1 cebolla
aceite
sal

Escurriremos al máximo el agua contenida en el bote de tomate y lo llevaremos a una sartén con un chorrito de aceite y la cebolla picada; lo mantendremos en ebullición muy suave, hasta que se haya espesado, y lo pasaremos por el colador chino.

Pasaremos rápidamente por la salsa anteriormente preparada las lonchas de jamón, cortadas muy finas.

Es una forma muy útil de aprovechar el jamón en los climas húmedos, donde se reblandece fácilmente.

Recetas sin gluten

Los ingredientes de las recetas que figuran en estas páginas se han calculado para cuatro personas.

PAELLA VALENCIANA

500 g de arroz
250 g de rape
250 g de gambas
250 g de mejillones
250 g de almejas
1/8 l de aceite
2 dientes de ajo
1 cucharada de puré de tomate
azafrán
sal

Pondremos al fuego 1 l de agua con el rape y los mejillones, bien limpios y rascados; cuando el rape esté cocido, colaremos el caldo obtenido, limpiaremos el pescado de espinas y pieles, y sacaremos los mejillones de las valvas.

Llevaremos al fuego la paellera con el aceite y freiremos en él un diente de ajo; cuando haya tomado color, añadiremos el tomate, el rape troceado, las gambas, los mejillones y las almejas crudas bien lavadas. Rehogaremos y agregaremos el arroz. Seguiremos rehogando y añadiremos el caldo de cocción del pescado y el marisco, y el azafrán machacado con el otro diente de ajo. Mantendremos la ebullición (añadiendo agua hirviendo, si fuera preciso) de 15 a 18 minutos.

Antes de servir, dejaremos reposar tres o cuatro minutos, bien tapada.

JUDÍAS CON TOCINO

1 kg de judías cocidas (blancas o rojas)
100 g de tocino entreverado
2 dientes de ajo
1 ramita de perejil
1 tacita de aceite
sal

Si no tenemos mucha práctica en sofreír las judías cocidas sin que se deshagan, el mejor procedimiento para la preparación de este plato consiste en freír bien el tocino, cortado en finas lonjas, con el ajo y el perejil finamente picado, y verterlo luego sobre las judías, que se habrán preparado en una cacerola. Mezclaremos bien y serviremos muy caliente.

HUEVOS RELLENOS DE ATÚN

6 huevos duros
1 lata mediana de atún en aceite
1 cebolla
12 tiras de pimiento morrón
12 aceitunas verdes
mahonesa

Una vez cocidos los huevos, los cortaremos a lo largo y separaremos cuidadosamente la yema.

Desharemos el atún y lo mezclaremos con la cebolla rallada, rellenando con este producto los medios huevos. Los dispondremos en una bandeja y los recubriremos con una salsa mahonesa. Llevaremos las yemas a un colador de orificios gruesos y, con ayuda de la mano del mortero, las repartiremos sobre los huevos. Pelaremos las aceitunas en espiral y, sobre cada medio huevo, entrecruzaremos una aceituna y una tirita de pimiento.

CROQUETAS DE BACALAO

500 g de patatas
leche
mantequilla
sal
100 g de bacalao remojado
1 huevo duro
1 huevo entero fresco
queso rallado
aceite

Prepararemos un puré de patatas con la leche y la mantequilla, procurando que quede bastante consistente para poder darle luego la forma debida.

Después de unirle el bacalao deshilachado y el huevo duro, elaboraremos las croquetas, que pasaremos por huevo y queso rallado, en sustitución de la harina, y las freiremos en aceite muy caliente y abundante.

SUPPLÍ

400 g de arroz
100 g de carne picada de ternera
3 huevos
1 cebolla
600 g de tomates maduros
1 tallo de apio
1 zanahoria
ajo y perejil
mozzarella
aceite en abundancia
1 vaso de vino

Hervido el arroz *al dente*, es decir, dejándolo un poco duro, lo escurriremos y llevaremos a una bandeja o sopera.

En un poco de aceite ablandaremos, a fuego muy lento y sin que lleguen a dorarse, la cebolla, el diente de ajo, la zanahoria y el apio finamente picado; añadiremos la carne picada y el perejil, le daremos la vuelta y mojaremos con un vaso de vino blanco seco. Cuando el vino se haya consumido, añadiremos los tomates pelados, manteniendo el fuego muy bajo, hasta la total cocción de la carne.

Llevaremos este preparado a un colador, recogiendo el jugo sobre el arroz y reservando la parte sólida; añadiremos al arroz dos huevos batidos y un puñado de queso rallado; mezclaremos y dejaremos en reposo un par de horas.

Con dos cucharadas de arroz, formaremos una bola; practicaremos un orificio introduciendo el índice, y lo rellenaremos con la parte sólida de la salsa, a la que habremos añadido pedacitos de *mozzarella*. Le daremos forma redonda u ovalada, y los pasaremos por huevo batido. En realidad, deberían rebozarse en pan rallado, pero resultan todavía más sabrosos si sustituimos el pan por queso rallado. Finalmente, se fríen en aceite muy caliente y se comen enseguida.

ANGULAS A LA BILBAÍNA

400 g de angulas
2 dientes de ajo
1/2 guindilla
sal

Las angulas se preparan en cazuelitas individuales: vertiremos en ellas el aceite crudo, calentaremos y echaremos cuando esté caliente el ajo fileteado; cuando el ajo se haya dorado, añadiremos la guindilla y, a continuación, las angulas, que se apartarán inmediatamente del fuego, removiendo rápidamente; las llevaremos a la mesa tapadas y chisporroteando, y las serviremos con tenedores de madera para evitar dolorosas quemaduras.

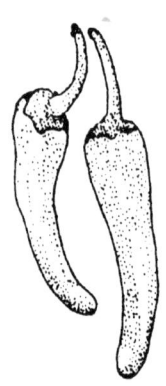

HÍGADO CON PURÉ DE CEBOLLA

500 g de hígado de ternera
100 g de tocino entreverado
3 o 4 cebollas
100 g de mantequilla
ajo, tomillo y laurel
sal y pimienta

Freiremos en la mantequilla el tocino cortado en pedacitos; lo retiraremos en cuanto se haya dorado, y en la misma grasa freiremos el hígado, cortado en trozos algo gruesos. Doraremos a fuego vivo; lo apartaremos y, en la misma grasa, freiremos las cebollas, cortadas en láminas finas. Después de añadir las especias, dejaremos cocer, a fuego muy bajo, una media hora, hasta que las cebollas se hayan convertido en una especie de puré. Añadiremos entonces el hígado y el tocino, y dejaremos que cueza un cuarto de hora más. Serviremos muy caliente.

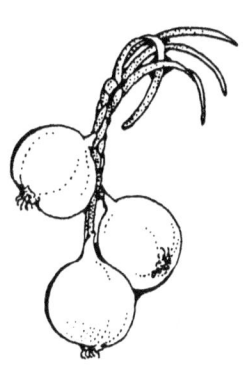

LANGOSTA A LA PROVENZAL

1 kg de langosta
1 kg de tomates
250 g de cebolla
1 yema de huevo
1 dl de vino blanco
1/2 cucharada de pimienta
1 ramita de tomillo
1 diente de ajo
1 cucharadita de zumo de limón
sal

Partiremos la langosta en vivo, quitándole las patas y las pinzas, y después la cola, siguiendo los anillos. Cortaremos la cabeza en dos mitades, partiendo cada pedazo en dos trozos. Separaremos la bolsa de arenilla.

En una cazuela con aceite, freiremos la cebolla bien picada y, en cuanto se haya dorado, agregaremos los tomates pasados por el chino, y los rehogaremos durante 4 o 5 minutos. Añadiremos la langosta partida, rehogándola durante unos 10 minutos, la retiraremos y separaremos los huevos y los intestinos, reservándolos.

Llevaremos de nuevo la langosta a la cazuela, añadiremos el vino, el tomillo, el majado de ajo, la sal y la pimienta, removeremos con la cuchara de madera y mantendremos la cocción a fuego lento durante unos 20 minutos.

Una vez machacados los huevos y los intestinos con la yema de huevo lo mezclaremos todo. Rectificaremos de sal y añadiremos el limón.

LANGOSTINOS A LA AMERICANA

400 g de langostinos
300 g de tomate
1 dl de vino blanco
1 copa de coñac
1 hoja de laurel
1 cebolla
perejil
aceite
sal

Pondremos en una sartén la cebolla finamente picada con el aceite y, en cuanto se inicie el dorado, añadiremos los tomates pelados y picados, el vino blanco y el coñac, salpimentaremos, añadiremos los langostinos, el perejil picado y la hoja de laurel. Dejaremos cocer durante 10 minutos y serviremos en una fuente con rodajas de limón.

LOMO A LA SAL

1 kg de lomo
1 kg de sal

Colocaremos parte de la sal en una fuente de horno y dispondremos sobre ella el lomo, recubriéndolo totalmente con el resto de la sal, apretando bien con las manos.

Llevaremos a horno medio hasta que la sal se agriete, lo que indica que el lomo ya está totalmente cocido.

Una vez frío, sacaremos la corteza formada por la sal y lo cortaremos en finas lonchas, que pueden servirse con las más variadas salsas: mahonesa, vinagreta, etcétera.

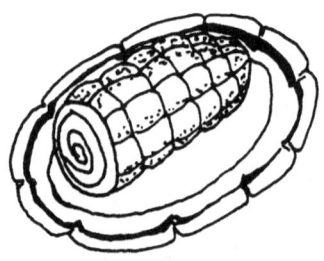

PATATAS VIUDAS

1 kg y 1/2 de patatas
150 g de tocino entreverado
1 cebolla grande
3 tomates
1 hoja de laurel
tomillo
pimentón
manteca de cerdo
sal

Sofreiremos el tocino, partido en pedacitos, con una cucharada grande de manteca y, en cuanto empiece a tomar color, le añadiremos la cebolla picada; en cuanto esta comience a dorarse, añadiremos el tomate picado y las especias. Sofreiremos las patatas mondadas y cortadas en pedacitos, las recubriremos con agua tibia y dejaremos cocer a fuego lento hasta que estén blandas.

LENGUADO A LA TRUFA

4 lenguados de tamaño regular
2 trufas frescas o al natural
3 tomates maduros
aceite de oliva
pimienta blanca
sal

Separaremos los filetes de lenguado y, después de lavarlos y secarlos, los salpimentaremos al gusto. Cortaremos finamente las trufas, reservando algunas rodajitas para utilizarlas posteriormente como guarnición. El resto lo dispondremos sobre los filetes de lenguado, que enrollaremos y sujetaremos después con un palillo.

Llevaremos los rollitos a una bandeja de horno, los rociaremos con aceite de oliva y los mantendremos unos 10 o 12 minutos a horno medio.

Después de limpiar los tomates muy bien de piel y semillas, los picaremos y aliñaremos con aceite de oliva, sal y pimienta. Picaremos las trufas restantes y las mezclaremos con el tomate.

Cuando el lenguado esté cocido, quitaremos el palillo y lo serviremos acompañado del tomate con la trufa.

Recetas laxantes

Los ingredientes de las recetas que figuran en estas páginas se han calculado para cuatro personas.

COLIFLOR AL AJO ARRIERO

1 coliflor de tamaño regular
aceite
ajo
pimentón
vinagre
sal

Coceremos la coliflor, suprimiendo las hojas y parte del troncho; en teoría, la coliflor debe cocerse entera y con una rebanada de pan, que absorbe el ingrato olor que desprende en la cocción.

Una vez hervida y retirada del fuego, la escurriremos y partiremos, llevándola a una cazuela donde quepa holgadamente.

En la sartén freiremos los ajos cortados, con una cucharadita de pimentón y un chorrito de vinagre; los verteremos sobre la coliflor y dejaremos cocer, tapada, durante 10 minutos. Serviremos inmediatamente.

PATATAS EN ENSALADA

500 g de patatas
aceite
vinagre
perejil
ajo
sal

Aunque en principio parezca tratarse del más vulgar de los aliños, podemos asegurar que el gusto cambia totalmente.

En agua ligeramente salada herviremos las patatas con piel, bien lavadas y cepilladas; una vez cocidas, las pelaremos y cortaremos en rodajas, ni demasiado finas ni demasiado gruesas.

Llevaremos a una sartén la cantidad de aceite y vinagre que habitualmente utilicemos para el aliño, con un buen puñado de perejil finamente picado, y un par de dientes de ajo finamente cortados. En cuanto hierva, lo verteremos sobre las patatas, que habremos colocado en una bandeja.

GUISANTES CON JAMÓN

500 g de guisantes
1 cebolla
100 g de tocino picado
150 g de jamón
aceite
sal

Elegiremos guisantes pequeñitos y dulces, que tengan piel fina. En una cazuela, pondremos el aceite y la cebolla finamente picada; en cuanto esta se ablande, añadiremos el tocino, en tiritas o tacos, y los guisantes, junto con unas cucharadas de agua o caldo. En cuanto la cocción esté terminada (los guisantes deben quedar prácticamente secos), añadiremos el jamón en tiritas, mezclaremos y serviremos.

ALCACHOFAS A LA ARETINA

4 alcachofas grandes u ocho medianas
100 g de carne de cerdo picada
50 g de queso parmesano
1 cucharada de pan rallado
1 huevo
aceite
1 limón
sal y pimienta

Una vez limpias las alcachofas, cortaremos las puntas duras y quitaremos las hojas externas, dejando sólo los corazones en forma de copa; las restregaremos con limón para evitar que ennegrezcan.

En un recipiente adecuado, mezclaremos la carne de cerdo con el queso, el pan rallado, el corazón de las alcachofas finamente picado, y lo ligaremos con el huevo.

Rellenaremos con este preparado las *copas* de alcachofa y las llevaremos a una cazuela donde podamos colocarlas de pie, sin que se muevan. Verteremos en el fondo, aproximadamente, un dedo de aceite, y añadiremos agua hasta que falte aproximadamente un dedo para alcanzar la parte superior de las alcachofas. Taparemos y coceremos a fuego muy lento, hasta la completa evaporación del agua.

Serviremos en la propia cazuela, y muy calientes.

ENDIBIAS CON ANCHOAS

4 endibias
2 dientes de ajo
4-6 filetes de anchoa (al gusto)
1 ramita de menta
aceite
sal y pimienta

Una vez que las endibias estén bien limpias, sin nada de tierra, las herviremos en agua salada procurando que resulten consistentes; las partiremos por la mitad a lo largo y las dejaremos escurrir.

En la sartén freiremos los dientes de ajo, los reservaremos y añadiremos los filetes de anchoa, lavados, desalados y limpios de espinas. Removeremos con una cuchara de madera hasta que se deshagan; llevaremos a la sartén las endibias y, en cuanto hayan tomado sabor, añadiremos unas hojitas de menta.

Serviremos muy calientes.

ENDIBIAS CON BEICON

4 endibias
2 dientes de ajo
50 g de beicon
aceite
sal y pimienta

Prepararemos las endibias como se indica en la receta anterior. Calentaremos el aceite en una sartén, donde doraremos los dientes de ajo, y los apartaremos. En el mismo aceite freiremos los 50 g de beicon, cortado en tiras o daditos y, a continuación, las endibias, espolvoreándolas con sal y pimienta.

ESPINACAS A LA CATALANA

1 kg de espinacas (limpias)
50 g de jamón serrano
50 g de pasas
un puñado de piñones
aceite
sal

Previamente pondremos en remojo las pasas y si tienen semillas procuraremos quitarlas (es preferible que sean de la variedad de Corinto, que no tienen semillas).

Herviremos las espinacas en muy poca cantidad de agua (resultará preferible cocerlas al vapor), las picaremos finamente una vez escurridas, y las llevaremos a la sartén donde, con el aceite, habremos iniciado ya la cocción del jamón, de las pasas y de los piñones. Les daremos la vuelta, hasta que queden lo suficientemente secas.

HABAS A LA CATALANA

400 g de habas desgranadas
1 butifarra blanca de 100 g
1 butifarra negra de 100 g
150 g de tocino entreverado cortado en tajadas finas
manteca
1 cabeza de ajos
hierbas aromáticas
1 ramita de menta
1 copa de aguardiente
1 vaso de vino blanco
cebolla
tomate
sal y pimienta

En una cazuela de barro fundiremos la manteca y doraremos en ella las butifarras y el tocino. Conviene hacerlo a cazuela tapada para evitar salpicaduras, muy dolorosas. Una vez frito todo, apartaremos y reservaremos en la tapadera.

En la misma grasa rehogaremos la cebolla finamente picada, pondremos la cabeza de ajos entera y las hierbas aromáticas elegidas; añadiremos las habas peladas, un par de cucharadas de puré de tomate, el vino blanco y el aguardiente. Agregaremos agua hasta que todo quede recubierto, y encima colocaremos las butifarras y el tocino. Salpimentaremos, taparemos y dejaremos cocer lentamente hasta que las habas estén tiernas; poco antes de acabar la cocción añadiremos la ramita de menta. Si no disponemos de menta fresca, podemos sustituir el aguardiente por licor de menta.

BERENJENAS O CALABACINES RELLENOS

4 berenjenas o calabacines
1 cebolla
100 g de carne de cerdo
1 huevo
manteca o mantequilla
aceite
sal

Limpiaremos bien las berenjenas o los calabacines y los partiremos a lo largo, hirviéndolos en agua salada durante unos momentos, el tiempo suficiente para poder separar la pulpa central, sin deformar la verdura.

En una sartén, con aceite o mantequilla, rehogaremos una cebolla finamente rallada, la carne picada y la pulpa extraída de la hortaliza; cuando la carne esté ya cocida, apartaremos del fuego y añadiremos la yema de huevo, trabajando bien la mezcla, que aromatizaremos con sal y pimienta.

Con esta pasta rellenaremos las medias berenjenas o calabacines, y colocaremos en ellas cucharadas de la clara montada a punto de nieve; hornearemos hasta que la clara se haya dorado y serviremos inmediatamente.

ESPÁRRAGOS A LA VINAGRETA

2 manojos de espárragos
5 cucharadas de vinagre
6 cucharadas de aceite de oliva
1 cucharada de perejil picado
1 cucharada de perifollo
1 cucharada de cebolleta
1 huevo
ajo
sal y pimienta

Coceremos los espárragos, al vapor o en una olla en la que puedan colocarse verticalmente, sin que el agua alcance las puntas. Los apartaremos una vez cocidos y dejaremos que escurran.

Coceremos el huevo, como máximo, durante 1 o 2 minutos.

Untaremos la fuente donde vayamos a servir los espárragos con un diente de ajo, romperemos sobre ella el huevo (que estará medio crudo) y aplastaremos con un tenedor; añadiremos el aceite y el vinagre, mezclaremos bien con las hierbas picadas y añadiremos los espárragos, dejando que se impregnen hasta el momento de servirlos.

COLES DE BRUSELAS A LA ITALIANA

500 g de coles de Bruselas
6 filetes de anchoa
3 cucharadas de queso parmesano

Después de suprimir las hojitas exteriores de las coles, las lavaremos y coceremos con poca agua. Una vez cocidas (tardarán de 20 a 25 minutos), desmenuzaremos los filetes de anchoa, colocándolos sobre las coles; espolvorearemos con queso y serviremos inmediatamente.

PANACHÉ DE VERDURAS

375 g de espárragos
250 g de zanahorias
500 g de guisantes
mantequilla
perejil
nuez moscada
sal

Limpiaremos muy bien las zanahorias y las cortaremos en rodajas finas.

Después de pelar los espárragos, los cortaremos en pedacitos de unos 5 cm. Llevaremos todo a una cazuela, con los guisantes sin descongelar y muy poca agua, y mantendremos a fuego lento, dejándolo cocer unos 20 minutos, sazonando con sal y nuez moscada.

Añadiremos la mantequilla, removeremos bien y espolvorearemos algo de perejil picado.

Recetas astringentes

En la dieta astringente debe procurarse eliminar al máximo los alimentos ricos en fibras, estando permitidos todos los demás.

Indicaremos unos cuantos platos de arroz, cuyas propiedades astringentes son sobradamente conocidas.

Los ingredientes de las recetas que figuran en estas páginas se han calculado para cuatro personas.

ARROZ ABANDA

4 tazas de arroz
1 cebolla
2 tomates medianos
1 diente de ajo
pimentón
perejil
1/2 kg de pescado y marisco variado (rape, calamares,
langostinos, sepia, mejillones, etc.)
aceite
sal

Iniciaremos el plato con la preparación del sofrito, que deberemos preparar con la cebolla rallada, los tomates limpios de piel y semillas, el ajo picado, el perejil también finamente cortado y el pimentón; cuando las verduras se hayan rehogado, añadiremos los pescados, de acuerdo con su dureza (ya sabemos que la cocción del calamar exige más tiempo que la de las gambas o los mejillones), añadiremos el agua y coceremos hasta que estén blandos, pero no deshechos.

Después de colar el caldo añadiremos el arroz, que debe hervir unos 15 minutos; la última fase de la cocción (los 3 o 5 minutos que faltan) la realizaremos en el horno, para que quede totalmente seco.

El pescado lo presentaremos como segundo plato, aliñado con aceite y vinagre o con mahonesa.

ARROZ CON BACALAO A LA CATALANA

4 tazas de arroz
150 g de bacalao
aceite
1 diente de ajo
1 cebolla
tomate
perejil
pimienta y las especias preferidas
una pizca de sal

Asaremos el bacalao, lo desmenuzaremos (quitándole totalmente la piel y las espinas) y lo lavaremos abundantemente bajo un chorro de agua fría.

Con el aceite bien caliente doraremos los ajos, la cebolla, el tomate y el perejil; añadiremos el bacalao y lo rehogaremos; verteremos a continuación el arroz y mojaremos con algo más del doble de su volumen de agua hirviendo. Dejaremos cocer de 18 a 20 minutos hasta que quede seco.

FRITADA DE MACARRONES A LA CAPUCHINA

200 g de macarrones
2-3 dientes de ajo
2-3 filetes de anchoa
pepinillos finamente cortados
alcaparras
aceite
sal y pimienta

Coceremos los macarrones en abundante agua salada durante unos 10 o 12 minutos; escurriremos y refrescaremos.

En una sartén, con un poco de aceite, freiremos los dientes de ajo, sin dejar que cojan demasiado color; añadiremos los filetes de anchoa (bien limpios y desalados), los pepinillos y las alcaparras.

Untaremos una bandeja de horno con algo de aceite y espolvorearemos con pan rallado; verteremos en la bandeja los macarrones y mezclaremos con la salsa preparada; recubriremos con pan rallado y unas gotas de aceite y llevaremos al horno, a temperatura máxima, hasta que adquieran un bonito color dorado. Serviremos inmediatamente.

ESPAGUETI A LA CARBONARA

400 g de pasta
100 g de beicon
perejil picado
nata líquida
queso parmesano rallado
4 yemas de huevo

Hay que tener en cuenta que no se trata de un primer plato, sino de una comida completa, a la que sólo habrá que añadir algo de fruta como postre y una ensalada, que ayude a *pasar* este plato, bastante consistente.

Herviremos los espagueti en abundante agua ligeramente salada; mientras, preparamos la salsa: en una sartén, con una cucharada de aceite y algo de mantequilla, se fríe el beicon cortado en pedacitos, con una buena cucharada de perejil picado; en una cazuela aparte, se baten las yemas de huevo con unas cucharadas de nata líquida y unas cucharadas de queso parmesano rallado.

Una vez que ya está escurrida la pasta, se mezcla cuidadosamente con el beicon y los huevos batidos, y se sirve inmediatamente.

PATATAS A LA SABOYANA

700 g de patatas
200 g de cebolla
20 g de mantequilla
1/2 l de leche
nuez moscada
sal y pimienta

Cortaremos las patatas y las cebollas en finas rodajas, y sazonaremos con sal y pimienta; si lo deseamos, podemos añadir algo de nuez moscada.

En una bandeja, dispondremos capas alternadas de patata y cebolla, y las recubriremos con la leche, previamente hervida, y la mantequilla fundida; coceremos primero a fuego fuerte y terminaremos la cocción en el horno suave, durante una media hora.

Al servirlas se espolvorean con perejil finamente picado.

PATATAS AL HORNO

puré de patatas
nuez moscada
huevo
sal y pimienta

Prepararemos el puré de patatas de la forma habitual —preferentemente con leche y mantequilla— y lo repartiremos sobre conchas grandes. Pintaremos la superficie con huevo batido y espolvorearemos con abundante queso rallado; colocaremos por encima unas bolitas de mantequilla.

Deben gratinarse hasta que adquieran un bonito color dorado.

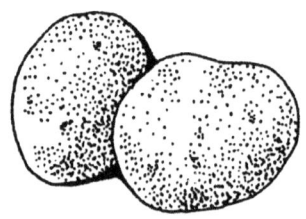

Tablas

VALOR NUTRITIVO Y CALÓRICO DE LOS ALIMENTOS

LÁCTEOS

H. carbono 10 - Proteínas 6 - Grasas 6 - Kcal: 120 (g)

Leche completa	200 cc	(1 vaso grande)
Leche descremada	200 cc	
Leche concentrada	100 cc	(sin añadir azúcar)
Leche en polvo	50 g	(sin añadir azúcar)
Yogur	1	
Requesón	50 g	

VERDURAS Y HORTALIZAS

H. carbono inf. 5% - Proteínas 0 - Grasas 0
Kcal: 40 (200 g)

Acelgas	Escarola	Pimiento
Apio	Espárragos	Rábano
Berenjenas	Espinacas	Repollo
Brécol	Endibias	Setas
Calabacín	Judías verdes	Tomates
Cardo	(sin grano)	Jugo de tomate
Col	Lechuga	(1 vaso)
Col de Bruselas	Nabo	
Coliflor	Pepino	

H. carbono 10 - Proteínas 3 - Grasas 0 - Kcal: 50 (g)

125 g	cebollas
125 g	remolacha
125 g	zanahorias
50 g	guisantes tiernos
150 g	alcachofas
50 g	habas tiernas

(continuación)

Frutas

H. carbono 12 - Proteínas 1 - Grasas 0 - Kcal: 55 (g)
El peso se refiere en limpio, sin piel ni hueso

100 g	albaricoques	(2 unidades)
100 g	cerezas	(12 unidades)
100 g	ciruelas	(2 unidades)
200 g	fresas	
200 g	fresones	
100 g	granada	
	limón	(1 grande)
125 g	manzana	(1 unidad)
70 g	manzana asada	(1 pequeña)
100 g	melocotón	(1 mediano)
100 g	melón	
100 g	mandarina	(2 medianas)
125 g	naranja	
100 g	nísperos	(3 unidades)
100 g	peras de agua	(1 mediana)
150 g	peras de San Juan	(2 medianas)
100 g	coco fresco	
	plátano	(1/2 unidad)

Alimentos harinosos

H. carbono 15 - Proteínas 2 - Grasas 0 - Kcal: 70 (g)
Peso en crudo

25 g	pan blanco
30 g	pan integral
20 g	pan tostado
75 g	patatas
30 g	lentejas
25 g	judías
25 g	garbanzos
20 g	arroz
20 g	pasta de sopa
20 g	puré

(continuación)

ALIMENTOS PROTEICOS

H. carbono 0 - Proteínas 7 - Grasas 5 - Kcal: 70 (g)
El peso se refiere al alimento cocido sin hueso

- 33 g carne (buey, ternera, cordero, cerdo magro, pollo, conejo, pato, etc.)
- 25 g carnes embutidas
- 25 g jamón serrano y cocido
- 20 g hígado, riñones, callos, etc.
- 1 g huevo de gallina
- 35 g pescado
  sardinas: 3
- 30 g queso ostras, almejas, gambas: 5 pequeñas
  mejillones medianos: 10
  almendras tostadas: 15
  avellanas: 20
  nueces: 10

ALIMENTOS GRASOS

H. carbono 0 - Proteínas 0 - Grasas 5 - Kcal: 45 (g)

- 5 g mantequilla (1 cucharadita)
- 6 g aceite (1 cucharadita)
- 5 g manteca de cerdo
- 7 g tocino ahumado, beicon
  salsa mahonesa (1 cucharadita)
  aceitunas: 5

BEBIDAS CON VALOR CALÓRICO

1 vaso de vino corriente (100 cc)	70 kcal
1 copa de coñac (25 cc)	70 kcal
1 copa de cava (75 cc)	70 kcal
1 cerveza (300 cc)	160 kcal

BEBIDAS SIN VALOR CALÓRICO

Agua corriente, aguas minerales, sifón; café; infusiones de hierbas, endulzadas con sacarina; caldo sin grasa.

APORTE NUTRITIVO DIARIO ACONSEJADO PARA UN ADULTO
(según Vivancos y Palacios)

Grupo	Alimentos	Aprovechable (g)	Cómo se compra (g)	Frecuencia de consumo
1	Leche	400	400	diaria
2	Carne	100	160	2 veces/semana
	Pescados	150	250	4 veces/semana
	Pescado en aceite	80	80	1 vez/semana
	Huevos	3 unid.	3 unid.	a la semana
3	Legumbres	80	80	6 veces/semana
	Patatas	300	350	diaria
4	Verduras	145	200	diaria
5	Frutas	140	200	diaria
6	Pan	400	400	diaria
	Arroz y pastas	50	50	3 veces/semana
	Azúcar	30	30	diaria
7	Aceite	50	50	diaria

Aporte nutritivo diario

Kcal	2.905	Calcio	865 mg
Proteínas totales	99 g	Hierro	18,2 mg
Proteínas animales	40 g	Vitamina A	5.530 U.I.
Proteínas vegetales	59 g	Vitamina B_2	1,6 mg

Vitamina B_1	1,5 mg
Niacina	13,7 mg
Vitamina C	112,0 mg

PESO IDEAL Y PORCENTAJES DE SOBREPESO
(calculados según la fórmula
de la Metropolitan Life Insurance Company)

Talla en cm	Peso en kg	Sobrepeso			
	Peso Ideal	25%	50%	75%	100%
150	50	62,50	75	87,50	100
151	50,75	63,43	76,12	88,81	101,50
152	51,50	64,37	77,25	90,12	103
153	52,25	65,31	78,37	91,43	104,40
154	53	66,25	79,50	92,75	106
155	53,75	67,18	80,62	94,06	107,50
156	54,50	68,12	81,75	95,37	109
157	55,25	69,06	82,87	96,68	110,50
158	56	70	84	98	112
159	56,75	70,93	85,12	99,31	113,50
160	57,50	71,87	86,25	100,62	115
161	58,25	72,81	87,37	101,93	116,50
162	59	73,75	88,50	103,25	118
163	59,75	74,68	89,62	104,56	119,50
164	60,50	75,62	90,75	105,43	121
165	61,25	76,56	91,87	107,18	122,50
166	62	77,50	93	108,50	124
167	62,75	78,43	94,12	109,81	125,50
168	63,50	79,37	95,25	111,12	127
169	64,25	80,31	96,37	112,43	128,50
170	65	81,25	97,50	113,75	130
171	65,75	82,18	98,67	115,06	131,50
172	66,50	83,12	99,75	116,37	133
173	67,25	84,06	100,87	117,68	134,50
174	68	85	102	119	136
175	68,75	85,93	103,12	120,31	137,50

Dieta de adelgazamiento (1.000 kcal)
Hidratos de carbono 100 g; proteínas 85 g; grasas 30 g

Desayuno:	200 cc de leche descremada, sin azúcar, con o sin café 40 g de pan 40 g de queso de Burgos o jamón de York
Comida:	200 g de judías verdes o su equivalente 100 g de patatas o su equivalente Ensalada a voluntad, a base de lechuga, tomate y cebolla, sin aceitunas 120 g de ternera o su equivalente 150 g de naranja o su equivalente Nada de pan
Merienda:	Un yogur descremado
Cena:	200 g de judías verdes o su equivalente 150 g de merluza o su equivalente 150 de naranja o su equivalente 40 g de queso de Burgos Nada de pan

1 cucharada sopera de aceite, mejor si es de maíz, para todo el día, para cocinar y aliñar.

Bebida: sólo se permite agua natural o mineral, té y café sin azúcar. Los pesos se refieren a alimentos en crudo.

Para condimentar los alimentos se puede utilizar sal, limón, vinagre, cebolla, ajo, perejil, pimienta, pimentón o hierbas aromáticas.

EQUIVALENTES	
200 g de judías verdes:	200 g de acelgas o espinacas, o espárragos, coliflor, brécol o tomate; 100 g de alcachofas o col de Bruselas o zanahorias; 70 g de guisantes o habas.
100 g de patatas:	25 g de arroz; 25 g de pasta (macarrones, tallarines, fideos, pasta de sopa, sémola); 30 g de legumbres (garbanzos, judías secas, lentejas).
120 g de ternera o 150 g de merluza:	120 g de vaca o buey o caballo o cordero; 150 g de pollo sin piel o conejo; 2 huevos; 150 g de rape o mero o bacalao fresco o lenguado o pescadilla o gambas.
150 g de naranja:	150 de mandarinas o melocotón o albaricoques o fresas; 100 g de manzana o pera o cerezas o ciruelas; 225 g de melón o sandía; 75 g de plátano o uvas.

| RACIÓN DIARIA EQUILIBRADA DE 3.300 KCAL ||||||
| proteínas 14,6 % - lípidos 30 % - glúcidos 52 % - alcohol 3,4 % ||||||
Alimentos	Cantidad (g)	Glúcidos	Lípidos	Proteínas	Kcal
pan	150	83	1,2	10,5	384,8
arroz cocido, pasta o patatas	400	80	0,4	8	355,6
tostadas	90	67,5	4,5	9	346,5
cereales y otros farináceos	50	38	0,7	4,5	176,3
carne, pescado y huevos	150	–	20	30	300
verduras	500	30	1	6	153
fruta	400	53,3	1,3	2,7	236
leche parcialmente desnatada	500	25	9	17,5	251
quesos	60	1,2	14,4	15,6	196,8
mantequilla	25	–	21,25	–	191,25
aceite	20	–	20	–	180
mermelada o miel	40	28	–	1,6	118,4
azúcar	20	20	–	–	80
vino a 10°	0,20 l (16 g alcohol)	4	–	–	128
suplementos proteicos	15	–	–	15	60
peso total Kcal		430 1.720	110,55 995	120,4 482	3.309

Comida precompetición equilibrada a 1.000 Kcal
glúcidos 64,7 % - lípidos 21,2 % - proteínas 14,2 %

Alimentos	Cantidad (g)	Glúcidos	Lípidos	Proteínas	Kcal
cereales	20	15	0,25	1,8	69,45
leche desnatada	150	7,65	0,15	5,4	53,55
azúcar	15	15	–	–	60
tostadas	40	30	2	4	154
miel o mermelada	30	21	–	1,2	88,8
mantequilla	12	–	10,2	–	91,8
pescado sin grasa	80	–	2	14	74
arroz (pesado crudo)	50	40	–	4	176
ensalada verde	40	0,8	0,08	0,48	5,84
aceite	5	–	5	–	45
queso	10	0,2	2,4	2,6	32,8
fruta	200	27	0,6	1	117,4
total en peso	–	156,65	22,68	34,48	–
total en kcal	–	626,6	204,1	137,9	968,6

Cena equilibrada con **900** kcal para la noche del día de la competición glúcidos 59,2 % - lípidos 29,4 % - proteínas 11,4 %					
Alimentos	Cantidad (g)	Glúcidos	Lípidos	Proteínas	Kcal
sopa de verdura	400	26,8	2,8	6	156,4
patatas	250	50	0,25	5	222,25
mantequilla	10	–	8,5	–	76,5
margarina	10	–	8,5	–	76,5
tostadas	35	26,25	1,75	3,5	134,65
un huevo	50	0,45	5,8	6,5	80
un yogur	120	5,4	1,8	4,1	54,2
fruta	200	27	0,6	1	117,4
total en peso	–	135,9	30	26,1	–
total en kcal	–	543,6	270	104,4	918

DESAYUNO EQUILIBRADO CON 700 KCAL PARA EL DÍA SIGUIENTE A LA COMPETICIÓN proteínas 10,7 % - lípidos 30,6 % - glúcidos 58,7 %					
Alimentos	*Cantidad* (g)	*Glúcidos*	*Lípidos*	*Proteínas*	*Kcal*
zumo de naranja	100	12	–	0,5	50
leche parcialmente desnatada	300	15	5,4	10,5	150,6
cereales	20	15,2	0,28	1,8	70,52
tostadas	30	22,5	1,5	3	115,5
pan	40	22,13	0,32	2,8	102,61
mantequilla	10	–	8,5	–	76,5
margarina	10	–	8,5	–	76,5
mermelada	20	14	–	0,8	59,2
azúcar	5	5	–	–	20
total en peso	–	105,83	14,5	19,4	–
total en kcal	–	423,3	220,5	77,6	721,4

Comida equilibrada con 1.000 kcal para el día siguiente a la competición

glúcidos 59,5 % - lípidos 28,3 % - proteínas 12,2 %

Alimentos	Cantidad (g)	Glúcidos	Lípidos	Proteínas	Kcal
ensalada de tomates	100	5	0,2	1	25,8
aceite	10	–	10	–	90
carne o pescado	60	–	7,7	12	117,3
patatas	300	60	0,30	6	266,7
mantequilla	8	–	6,8	–	61,2
queso	20	0,4	4,8	5,2	65,6
tostadas	30	22,5	1,5	3	115,5
pan	50	27,7	0,4	3,5	128,4
compota de manzanas azucarada	150	34,8	0,15	0,3	141,75
total en peso	–	150,4	31,85	31	–
total en kcal	–	601,6	286,6	124	1.012

CENA EQUILIBRADA CON 1.100 KCAL
PARA EL DÍA SIGUIENTE A LA COMPETICIÓN
glúcidos 52,7 % - lípidos 28,5 % - proteínas 13,8 %

Alimentos	Cantidad (g)	Glúcidos	Lípidos	Proteínas	Kcal
verdura variada cocida	200	20	0,5	3	94,5
carne o pescado	70	–	9,3	14	139,7
mahonesa	10	0,2	8,2	0,15	75,2
pasta cocida	250	50	0,21	5	221,9
tostadas	30	22,5	1,5	3	115,5
pan	50	27,7	0,4	3,5	128,4
mantequilla	5	–	4,25	–	38,25
margarina	5	–	4,25	–	38,25
queso	20	0,4	4,8	5,2	65,6
un yogur	120	5,4	1,8	4,1	54,2
fruta	150	20	0,5	1	88
vino de 10°	8,9	2	–	–	64
total en peso	–	148,2	35,71	38,95	–
total en kcal	–	592,8	321,39	155,8	1.126

DIETA LÍQUIDA CLARA	
Al despertar:	zumo de fruta colado y azúcar
Media mañana:	infusión o café descafeinado y azúcar
Comida:	caldo. Zumo de fruta colado y azúcar
Merienda:	helado o sorbete de fruta
Cena:	caldo. Zumo de fruta colado y azúcar
Media noche:	infusión o zumo colado y azúcar.

DIETA LÍQUIDA	
Al despertar:	zumo de fruta y azúcar
Desayuno:	papilla de cereales con leche y azúcar. Café descafeinado con leche
Media mañana:	batido de huevo con leche y saborizante
Comida:	sopa o crema con carne triturada o queso fundido dentro. Zumo de fruta o flan
Merienda:	papilla de cereales con leche y azúcar. Café con leche
Cena:	sopa o crema con pescado o pollo triturado dentro. Helado o natillas
Noche:	batido de huevo y leche y saborizante

ALIMENTOS ACONSEJADOS

Leche y productos lácteos:	toda clase de leche, batidos saborizados, yogur, nata, queso fundido, natillas, *petit suisse*, requesón
Carne, pollo, pescado:	triturados y pasados por el chino, huevos en batidos o sopas, caldos
Féculas:	papillas, besamel, purés, cremas, tapioca
Verduras:	zumos, purés colados
Fruta:	purés colados, zumos
Azúcares:	azúcar, mermelada, jaleas, helados, sorbetes, gelatinas
Grasas:	mantequilla, aceite, nata, crema de leche

Dieta para evitar la hipersecreción gástrica.
Aconsejada en *ulcus*, gastritis y duodenitis

Alimentos permitidos	Alimentos prohibidos
Papillas: harinas, maicenas, sémolas, copos de avena, crema de arroz, cebada perlada. *Macarrones - espagueti:* papilla de arroz, también con leche. Pastas finas posiblemente gratinadas, condimentadas con aceite o mantequilla fresca. *Carnes:* carnes sin grasa: ternera, choto, pollo, conejo (cocidos), jamón magro. *Pescados:* lenguado, merluza, pescado blanco no graso (hervidos y aliñados con aceite). *Grasas:* aceite de oliva refinado (0,5°), mantequilla fresca, aceites vegetales. *Leche y quesos:* leche descremada y yogur. Quesos sin grasas y sin fermentar (Villalón, Burgos, requesón). *Verduras:* judías verdes, guisantes, espinacas, calabacines, lechuga, endibias, zanahorias, remolacha, patatas (hervidas y pasadas por el tamiz). *Huevos:* pasados por agua (3 min). *Frutas:* en compota, sin cáscara. Gelatina de fruta, naranjas dulces, mandarinas dulces, manzanas (asadas, sin piel ni semillas), plátanos. *Dulces:* flanes de arroz y sémola, natillas, bizcochos. *Pan:* pan a la brasa. Colines. *Bebidas:* malta, bebidas azucaradas, zumos de frutas. *Condimentos:* poca sal, anís, laurel, cominos molidos y clavos molidos, nuez moscada, vainilla, canela.	*Entremeses:* excluidos. *Caldos:* de carne, extracto de carne, también vegetales. Venado, pato, ganso, cerdo; carnes ahumadas, grasientas. Embutidos, tocino, carne a la plancha poco hecha. Mariscos, salmón, atún, anguilas, sardinas, anchoas. Pescado conservado y frito. Manteca, tocino, toda grasa frita. Leche sin descremar, nata. Quesos grasos y fermentados (roquefort, leche de oveja, etc.). Verduras crudas, legumbres sin pasar, tomates, espárragos, nabos, brécol, pimientos y berenjenas, rábanos, verduras grasas (repollo, coliflor), lombarda, coles, cebollas, ajos, pepinos. Huevos duros o fritos, *soufflés*, tortillas. Fruta cruda o frutos secos, poco madura, dura, con hueso, frutos ácidos. Dulces con mucho azúcar, hojaldres y pasteles en general, caramelos, chocolates, mermeladas muy dulces, helados, mazapanes, turrones. Pan fresco. Aperitivos, vinos, licores, cerveza y café. Bebidas con gas, bebidas alcohólicas, té negro, bebidas muy frías o muy calientes. Todos los picantes, como pimienta, pimentón, vinagre, extractos de carne y vegetales, salsas picantes, salazón.

Consejos generales

Nada de pimienta, vinagre, mostaza, cebollas, ajos y rábanos.
No tomar carnes duras, ni verduras fibrosas.
Nada de grasa de cerdo ni bovino.
Ninguna salsa picante.
Ninguna bebida alcohólica (permitido agua mineral natural).
De panadería permitido: pan blanco, tostadas, biscotes, galletas y bizcochos.
Comer despacio y comer bien.
Llevar un régimen de horarios ordenados comiendo poco y a menudo. Dejar de fumar totalmente.

CONSEJOS DIETÉTICOS EN CASO DE *ULCUS*

— Comer regularmente no dejando pasar más de 2 1/2 - 3 horas sin comer o beber algo.
— Las comidas deben ser poco abundantes, especialmente por la noche.
— Tomar líquidos preferentemente entre las comidas.
— Comer lentamente y masticar bien.
— Relajarse antes y después de las comidas.
— Tomar una dieta variada y bien equilibrada. Si algún alimento crea molestias, suprimirlo de la dieta durante algún tiempo y reintroducirlo de nuevo más adelante.

ALIMENTOS QUE DEBEN EVITARSE

— Café y té fuerte. Bebidas con cola. Sopas hechas con extractos de carne.
— Alimentos fritos.
— Pimiento, chile, salsas y especias fuertes.
— Butifarra, salchichas, carne cocida dos veces o que esté muy condimentada.
— Alimentos muy fibrosos, cereales integrales, pan fresco y recién tostado, pastas y pasteles con mucha grasa.
— Verdura flatulenta, como tallos de coliflor, brécol, col, cebolla, pimientos, apio, puerros, pepino, rábano, coles de Bruselas, legumbres.
— Fruta verde y cruda, piel y semilla de fruta, frutos secos.
— No consumir cantidades excesivas de azúcar ni alcohol. Si se toma alcohol es mejor tomarlo durante las comidas.

ALIMENTOS ACONSEJADOS

Leche y productos lácteos:
  leche, yogur, quesos frescos, cremosos, postres con leche (ejemplo: flan, natillas, *petit suisse*, requesón).

(continuación)

Carne, pescado, aves, huevos:
carnes tiernas sin tejido conectivo duro, cocciones suaves.

Pan y cereales:
pan y cereales refinados (no integrales), pasta italiana, arroz, patatas.

Verduras:
las toleradas, hervidas y sabor suave. Verdura cruda, según tolerancia.

Frutas:
según tolerancia, fruta fresca. Cocidas, puré, compota o en almíbar. Si no come verdura fresca, para asegurar una ingesta adecuada de vitamina C, tomar cada día zumo de naranja o mandarina recién preparado.

Azúcares y dulces:
galletas y bollería simple. Azúcar, mermelada, miel, caramelos.

Grasas:
mantequilla, margarina, aceites, nata.

ALIMENTOS ACONSEJADOS PARA UN PACIENTE OPERADO DEL ESTÓMAGO

RECOMENDACIONES GENERALES

— Control de peso semanal, el mismo día, a la misma hora, en la misma báscula y con la misma ropa.
— Comer siempre a las mismas horas, en calma y masticando bien.
— Distribuir los alimentos en 6 tomas diarias.
— Intentar descansar después de las comidas, un cuarto de hora como mínimo.
— Beber preferentemente fuera de las comidas, para no aumentar el volumen.

COCCIÓN Y CONDIMENTACIÓN

— Hacer la cocina simple, cocción al horno, a la plancha, hervidos o al vapor.
— Evitar las materias grasas cocidas. Es mejor añadir la mantequilla o el aceite en crudo después de la cocción.

SELECCIÓN DE ALIMENTOS

Carnes: se escogerán las carnes de apariencia magra, recortando las partes grasas.
Pescados: al principio es mejor tomar solamente pescados blancos. Pueden ser congelados.
Verduras: de momento sólo pueden tomarse verduras muy hervidas y en puré. Se preferirán las de color verde oscuro por su aporte en vitamina A.
Frutas: en principio sólo pueden tomarse hervidas o en zumo. Más adelante se irán introduciendo frutas muy maduras y peladas. Es importante tomar zumos de naranja para asegurar el aporte de vitamina C.

(continuación)

ALIMENTOS PROHIBIDOS

— Carnes muy grasas. Charcutería excepto el jamón sin grasa. Carnes saladas y ahumadas. Caza y aves muy grasas. Pescados grasos (sardinas, arenques, anchoas, etc.). Pescados en conserva, en aceite. Mariscos y crustáceos.
— Los caracoles.
— Los huevos fritos o en tortilla muy aceitosa.
— Quesos fermentados (camembert, gorgonzola, roquefort).
— La leche y derivados (según tolerancia).
— Pan tierno. Pan integral.
— Verduras crudas. Verduras de difícil digestión (setas, coles, coliflor, col de Bruselas, pimientos, etc.).
— Higos. Las frutas verdes y con piel.
— Frutos secos (pasas, higos, ciruelas, dátiles, etc.).
— Frutos oleaginosos (almendras, avellanas, cacahuetes, etcétera).
— Materias grasas fritas o guisadas.
— Platos preparados de comercio. Sopas de sobre. Caldos concentrados.
— Pasteles de nata. Las pastas de hojaldre. Chocolate. Cacao.
— Bebidas heladas o muy calientes. Bebidas gaseosas. Vino. Cerveza. Alcohol. Sodas. Café o té muy fuertes.
— Condimentos: mostaza, pimienta, pimentón, etc. De momento, evitar el vinagre.

MENÚ TIPO

Desayuno: biscotes con mantequilla. Queso o jamón York. Infusión azucarada.

Media mañana: fruta hervida o compota. Yogur o queso.

Comida: arroz, o pastas o patata con verdura en puré. Carne o pescado blanco, o pollo o huevos hervidos. Fruta hervida. Biscotes o pan duro.

(continuación)

Merienda: queso o jamón. Biscotes. Zumo de fruta o fruta hervida. Yogur o queso o merengue.
Cena: igual que la comida.

AMPLIACIÓN DE LA DIETA

Poco a poco hay que ir ampliando la dieta hasta llegar a una alimentación casi normal. Los alimentos se introducirán en el siguiente orden:

— Frutas crudas, muy maduras sin piel ni pepitas.
— Las ensaladas muy tiernas y la zanahoria cruda rallada.
— Las pastas de nata.
— Legumbres secas en puré.

Estos alimentos se irán introduciendo uno a uno, dejando un espacio de uno o dos días para comprobar la tolerancia.

Si se presenta algún problema digestivo, se suprimirá el último alimento.

EN CASO DE DIARREAS

— Suprimir la leche y sus derivados.
— Tomar solamente arroz hervido y puré de zanahorias o de tapioca como primer plato.
— Tomar la manzana cruda, rallada y habiéndola dejado ennegrecer.

DIETA CARENTE DE GLUTEN

ALIMENTOS Y BEBIDAS PERMITIDOS

Todos los que no contengan trigo, cebada, centeno, o avena, como por ejemplo:

— Hortalizas y verduras, patatas y batatas.
— Maíz, arroz, tapioca.
— Legumbres secas.
— Carnes y pescados, vísceras, embutidos sin aditivos que contengan gluten.
— Frutas frescas.
— Frutos secos (desecados y oleaginosos).
— Azúcar y miel.
— Huevos.
— Grasas: aceites vegetales y mantequilla.
— Bebidas: agua (carbónica o no); infusiones (café, té, tila, etc.). Zumos de fruta natural.
— En las bebidas comerciales, se debe consultar su composición.
— Alcohol: según hábitos del individuo, excluyendo la cerveza y con la moderación debida para conservar una buena salud.

ALIMENTOS Y BEBIDAS PROHIBIDOS

Son básicamente los cereales siguientes: trigo, avena, centeno y cebada (por uno de sus componentes, el gluten).

De esta forma, se deben evitar todos los alimentos naturales o preparados comercialmente en cuya composición figura la harina de estos cereales, por ejemplo:

— Pan de cualquier tipo (blanco, integral, inglés, etc.; biscotes).

(continuación)

- Pastas italianas (macarrones, fideos, tallarines, pistones, canelones, etc.).
- Pastas francesas, galletas, pastelería en general, helados del comercio.
- Chocolate (en tabletas o deshecho, bebidas comerciales que contengan cacao con leche).
- Quesos procesados (algunos)
- Puré de patatas instantáneo.
- Salsas preparadas (algunas). Sopas preparadas, besamel.
- Carnes empanadas, hamburguesas del comercio, salchichas de Frankfurt (alguna).
- Jamón York (algunas clases).
- Caramelos (algunos).

ALIMENTOS ACONSEJADOS EN UNA DIETA RICA EN FIBRA

ALIMENTOS ACONSEJADOS

Hortalizas crudas: tomate, lechuga, rábano, endibias, etc.
Verduras hervidas (especialmente): coles de Bruselas, coles, guisantes, judías verdes, alcachofas (hojas), zanahoria.
Legumbres secas: lentejas, judía seca, garbanzos, etc.
Frutas crudas.
Frutos secos desecados: ciruelas, higos, pasas, melocotones, dátiles, etc.
Cereales integrales (arroz, etc.) *y patatas.*
Pan integral.
Leche (al menos dos vasos por día).
Salvado de trigo (como complemento): 4-6 cucharadas soperas al día.
Como fuente de proteínas animales (además de la leche): carnes, pescados, huevos, yogur, quesos.
Como fuente de grasas: mantequilla, aceites.
Azúcar (puede tomar si no existe ninguna prohibición específica).

LOS ALIMENTOS MÁS RICOS EN FIBRA
(fibra y kcal por 100 gramos)

	Fibra	Kcal
Salvado de trigo	44	206
Cereal para el desayuno	26,7	273
Judía blanca cruda	25,4	271
Albaricoque seco, crudo, entero	24	182
Coco seco	23,5	604
Levadura de pan, seca	21,9	169
Higo seco	18,5	213
Guisante seco, crudo	16,7	286
Patata en polvo para puré al instante	16,5	318
Ciruela pasa sin hueso	16,1	161
Granadilla cruda sin piel	15,9	34
Trigo hinchado	15,4	325
Harina de soja pobre en grasa	14,3	352
Melocotón seco, entero	14,3	212

Dieta pobre en fibra

Desayuno: Leche si se tolera o infusión o zumo de fruta (no ciruela seca). Pan tostado o biscotes. Jamón, queso, mermelada (sin piel ni pepita) o membrillo. Aceite, mantequilla o margarina.

Comida: Arroz, pasta o patata. Carne, pescado o huevos. Verdura. Zumo de fruta colada, fruta cocida o plátano maduro. Pan o biscotes (no integrales).

Merienda: Pan, biscotes, galletas o magdalena. Queso, jamón o yogur sin fruta. Leche, si se tolera.

Cena: Similar a la comida.

Alimentos prohibidos

Carne con tejido conectivo duro (cerdo, buey). Embutidos picantes. Cereales integrales. Pan integral. Legumbres secas, guisantes y habas. Verduras y hortalizas crudas. Frutos secos. Aceitunas y fruta seca. Chocolate y cacao.

Alimentos permitidos

Ternera, pollo, conejo, vísceras, cordero, jamón York. Embutidos sin picantes. Pescados. Queso. Huevos. Leche, según tolerancia. Pan blanco, pasta italiana y arroz blanco. Patatas. Caldo vegetal, jugos de verdura. Zanahoria, calabacín, espárragos, nabos, lechuga. Puré de manzana o al horno, zumos de fruta colados, plátano maduro, melocotón en almíbar. Azúcar, mermelada, confitura sin piel ni semillas, galletas. Magdalenas. Miel. Membrillo. Aceite, nata, mantequilla.

Dieta de restricción de grasas

Alimentos prohibidos	Alimentos permitidos
Carnes: cordero, buey, cerdo graso, butifarra, salchicha, volatería (oca, pato, etc.), hamburguesas preparadas comercialmente, *patés, foie gras*, embutidos (salchichón, chorizo, butifarra negra, frankfurt, etc.). Beicon, tocino.	Ternera muy magra, pollo y pavo sin piel, conejo, hígado, riñón, cerdo muy magro (2 veces por semana), y siempre quitando la grasa visible. Jamón en dulce o jamón serrano magro.
Pescados: los de conserva, salmón.	Pescado blanco (merluza, rape, lenguado, mero, etc.). Crustáceo, marisco. Pescado azul (2 veces por semana).
Queso: la mayoría (Gruyère, manchego, bola, cremoso, camembert).	Solamente el queso de régimen sin grasa, tipo Burgos, Villalón, requesón.
Huevos: yemas de huevo (pero según tolerancia) y productos que lo contengan (flan, mahonesa, pastelería).	Claras de huevo.
Leche y derivados: leche y yogures enteros (según tolerancia), nata, crema de leche, leche evaporada, condensada, leche en polvo entera, leche chocolateada.	Leche y yogures desnatados, leche en polvo desnatada.
Cereales y feculentos: patatas fritas, churros, aperitivos, legumbres enteras.	Pan, pasta italiana (macarrones, espaguetis, fideos, sopa de pasta, etc.), patatas, arroz, biscotes, bastones, cereales para desayuno.
Verdura: según tolerancia (las flatulentas: col, coliflor, brécol, apio, pimientos, rábano, pepino). Aguacate, aceitunas.	Todas las demás.

(continuación)

Alimentos prohibidos	Alimentos permitidos
Frutas: según tolerancia (melón y sandía). Frutos secos (nueces, avellanas, almendras, etcétera).	Todas las demás.
Azúcares y dulces: chocolate, cacao, pasteles, helados, *donuts*.	Azúcar, mermelada, miel, gelatinas, galletas y bizcocho sin grasa. Helado o sorbetes de fruta.
Azúcares y dulces: pastas de hojaldre, bollería.	Helados y flanes hechos con leche descremada. Caramelos sencillos con sabor de fruta. Chicles.
Grasas: según tolerancia e indicación.	Mejor aceite vegetal (maíz, soja girasol) o margarina con alto contenido de grasa poliinsaturada en cantidad permitida y en crudo.
Bebidas: vino, cerveza, cava, coñac y otras bebidas alcohólicas. Bebidas carbónicas.	Café, té, café descafeinado. Extractos de cereales, infusiones, zumos de fruta o verdura. Caldos sin grasa.
Condimentos: picantes y especias fuertes.	Sal (salvo contraindicación médica), tomillo, laurel, romero, menta, limón, vinagre, perejil, ajo, mostaza, etc.
Cocciones: fritos, rebozados, salsas y guisos con grasa. Sofritos.	Plancha, parrilla, vapor, hervido, asado sin aceite. Salsas sin aceite (besamel de leche descremada, tomate y verdura hervida).

Dieta con 1.840 kcal para diabéticos

H. de carbono totales 230 g (32-15-67-27-67-25). Proteínas 80 g. Grasas 68 g.

		Azúcares	Proteínas	Grasas
Desayuno:	leche 200 cc	10	7	8
	pan 40 g o			
	tostadas 3 unidades	22	2,5	–
	jamón o			
	queso 40 g			
	o tortilla de 1 huevo	–	8	8
Media mañana:	fruta 10 % 150 g o yogur + fruta 100 g	15	–	–
Comida y cena:	verdura 5 % 200 g	10	2	–
	patata 100 g	20	2	–
	carne 125 g o			
	pescado 150 g	–	24	12,5
	pan 40 g	22	2,5	–
	fruta 10 % 150 g	15	–	–
	aceite 1 cucharada	–	–	10
Merienda:	yogur 1 unidad	5	3,5	4
	pan 40 g o biscotes 3 unidades	22	2,5	–
	jamón o			
	queso 40 g	–	8	8
	Suplemento (posibilidades)			
noche	leche 200 cc	10	7	8
	fruta 10 % 150 g o	15	–	–
	leche 200 cc	10	7	8
	tostadas 2 unidades o	15	1	–
	1 yogur natural	5	3,5	4
	tostadas 3 unidades o	21	1,5	–
	1 yogur natural	5	3,5	4
	1 tostada	7	–	–
	fruta 10 % 150 g	15	–	–

Nota:
Esporádicamente la suma de los azúcares de la verdura + la patata pueden ser sustituidos por: 40 g de pasta o 40 g de arroz o 50 g de legumbres (pesado crudo).
Cuando se desee la sustitución de carne o pescado por huevos, deben tomarse 2 unidades.
En caso de hipoglicemia nocturna se escogerá preferentemente alguno de los suplementos noche que contenga pan.
La nota más importante es la siguiente: las normas para la realización de esta dieta debe indicarlas el médico.

Contenido de calcio y fósforo (mg por 100 g)

	calcio	fósforo
Harina de trigo (80 %)	25	101
Harina de trigo (integral)	40	370
Pan blanco	30	110
Pan integral	50	200
Pastas secas	25	140
Alubias	120	330
Garbanzos	130	325
Lentejas	70	350
Guisantes secos	80	280
Habas secas	75	370
Judías verdes	60	270
Guisantes verdes	25	125
Habas verdes	30	140
Patatas	7	40
Arroz descascarillado	20	100
Carnes	10-15	170-200
Pescados blancos	20-30	250
Pescados grasos	30-60	250-300
Huevo (unidad) 50 gramos	28	110
Leche de vaca	120-160	100
Quesos de pasta blanda	200-800	125-360
Quesos de pasta dura	700-1.000	350-800
Frutas frescas	8-40	10-30
Avellanas	270	320
Almendras	250	400
Nueces	110	360

CONTENIDO EN ÁCIDO ÚRICO DE LOS ALIMENTOS MÁS USUALES

Alimentos muy ricos en ácido úrico +++

verduras	harinosos	carnes	pescados	mariscos
–	–	hígado de cerdo	boquerones	mejillones
–	–	riñones de ternera	sardinas	almejas
–	–	mollejas de ternera	anchoas	–
–	–	jamón serrano	–	–

Alimentos ricos en ácido úrico ++

–	judías secas	liebre	bacalao	langostinos
–	garbanzos	pollo	caballa	langosta
–	lentejas	ternera	lenguado	–
–	–	vaca	merluza	–
–	–	gallina	–	–
–	–	cordero	–	–
–	–	conejo	–	–
–	–	sesos de ternera	–	–
–	–	embutidos	–	–
–	–	jamón York	–	–

Alimentos que contienen ácido úrico +

guisantes	–	cordero lechal	atún	cigalas
coliflor	–	–	mero	gambas
espárragos	–	–	rape	–
espinacas	–	–	–	–
pimientos	–	–	–	–
champiñones	–	–	–	–

Alimentos prácticamente exentos de ácido úrico

lácteos	verduras y hortalizas	harinosos	frutas	
leche completa	col	pan blanco	albaricoques	naranjas
leche descremada	alcachofas	pan integral	fresas	mandarina
leche concentrada	acelgas	pan tostado	melón	nísperos
yogur	escarola	arroz	peras	manzana
–	calabacín	pasta sopa	cerezas	melocotón
–	judías verdes	patatas	ciruelas	granada
–	tomates	–	plátano	coco fresco

Limitar el alcohol a concentraciones inferiores a 12°
(beber sólo vino y en cantidades muy moderadas).
Cerveza, 300 cc como máximo al día.

Grupo	Alimentos ricos en sodio
Carnes:	embutidos de toda clase, incluyendo el jamón York o dulce y serrano, *beicon*, salchichas, carne en conserva, riñón, toda preparación comercial de carne, cubitos de extracto de carne, *patés*.
Pescados:	bacalao seco, marisco, crustáceos, ahumados, toda clase de pescado en conserva y toda preparación comercial, cubitos de extracto de pescado.
Quesos:	todos menos los quesos frescos sin sal, tipo Burgos.
Leche:	leche en polvo, leche evaporada, leche condensada.
Cereales:	pan y biscotes normales, galletas normales y saladas, patatas *chips* comerciales, aperitivos salados.
Verdura:	toda clase de aceitunas, todas las verduras en conserva, acelga, apio, espinacas e hinojo (mejor hervidas dos veces).
Frutos secos:	los salados, mantequilla de cacahuete.
Dulces:	melaza, chocolate con leche, chocolate en polvo, *toffees*, preparados comerciales para hacer pasteles y postres.
Grasas:	mantequilla y margarina salada, grasa de *beicon*.
Varios:	sopas de paquete y lata, salsas preparadas comercialmente, sofritos, bicarbonato de sodio, sales de ajo, apio y cebolla. Glutamato monosodio. Agua mineral con gas, bebidas carbónicas, cerveza.

Dieta pobre en colesterol (para hiperlipemia)

(2.000 kcal aproximadamente; colesterol < 300 mg; P / S> 1)

Desayuno: 200 cc leche descremada, sola o con café
40 g de pan
40 g de queso tierno (tipo Burgos) o requesón
150 g de fruta

Comida: 200 g de verdura
100 g de patatas o 25 g de arroz o pasta de sopa, o legumbres (crudas)
150 g de carne o pescado
40 g de pan
150 g de fruta

Merienda: 200 cc de leche descremada o 1 yogur descremado.

Cena: igual que la comida. (Puede sustituirse una vez a la semana la ración de carne o pescado por dos huevos, excepto si persiste hipercolesterolemia.)

Aceite: de maíz o girasol, 5 cucharadas soperas que deben tomarse en crudo con la verdura, el pan, etc.

Bebidas permitidas: agua, infusiones (té, café, etc.).

Alimentos prohibidos

— Carne de cerdo, jamón, tocino, *beicon*. Cordero. Pato. Ganso.
— Carne picada. Menudillos (hígado, riñón, sesos, etc.). Manteca.
— Salchichas, empanadas, pastas saladas, *pizzas*, «tapas».
— Potajes. Platos cocinados.
— Mariscos y crustáceos. Pescados grasos. Conservas y salazón.
— Leche entera y derivados, nata, mantequilla, queso (excepto el fresco).
— Yemas de huevo y derivados.
— Cacahuetes, coco y frutos secos.
— Pasteles y pastas. Patatas *chips*.
— Helados, batidos, chocolate, bombones, cacao.
— Bebidas alcohólicas, azúcar y bebidas azucaradas en el caso de existir hipertrigliceridemia.

Normas

Carnes: utilizar carne magra eliminando la parte grasa y la piel. Preparar preferentemente a la plancha o hervida.

Pescados: utilizar pescado blanco (pueden ser congelados) a la plancha o hervidos.

Aceite: utilizar siempre aceite de girasol, maíz o soja. En general, se tomará crudo (no frito).

Índice
de recetas

RECETAS PARA NO ENGORDAR
Abadejo en salsa de cebolla, 83
Gambas al ajillo, 84
Hígado con cebolla, 85
Pollo a la catalana, 81
Pollo a la natural, 82
Rosbif, 86

RECETAS CONTRA *ULCUS*,
GASTRITIS Y DUODENITIS
Huevos a la florentina, 93
Merluza a la vasca, 92
Pechugas de pollo a la crema, 94
Puré de tirabeques, 91
Sopa de pan y cebolla, 89
Vichyssoise, 90

RECETAS PARA OPERADOS DEL ESTÓMAGO
Arroz a la cubana, 97
Arroz con leche, 102
Compota de frutas, 103
Ensalada de zanahorias, 101
Pasta en blanco, 98
Puré de legumbres, 99

Rape asado, 100

RECETAS PARA DIABÉTICOS
Alcachofas con almejas, 113
Cóctel de gambas, 111
Crema de calabacín, 109
Magras de jamón al tomate, 114
Merluza rellena, 110
Patatas St. Moritz, 107
Pechuga de pavo con champiñones, 108
Pollo a la chilindrón, 112

RECETAS SIN GLUTEN
Angulas a la bilbaína, 122
Croquetas de bacalao, 120
Hígado con puré de cebolla, 123
Huevos rellenos de atún, 119
Judías con tocino, 118
Langosta a la provenzal, 124
Langostinos a la americana, 125
Lenguado a la trufa, 128
Lomo a la sal, 126
Paella valenciana, 117
Patatas viudas, 127
Supplí, 121

RECETAS LAXANTES
Alcachofas a la aretina, 134
Berenjenas o calabacines rellenos, 139
Coles de bruselas a la italiana, 141
Coliflor al ajo arriero, 131
Endibias con anchoas, 135
Endibias con beicon, 136

Espárragos a la vinagreta, 140
Espinacas a la catalana, 137
Guisantes con jamón, 133
Habas a la catalana, 138
Panaché de verduras, 142
Patatas en ensalada, 132

RECETAS ASTRINGENTES
Arroz abanda, 145
Arroz con bacalao a la catalana, 146
Espagueti a la carbonara, 148
Fritada de macarrones a la capuchina, 147
Patatas al horno, 150
Patatas a la saboyana, 149

www.ingramcontent.com/pod-product-compliance
Lightning Source LLC
Chambersburg PA
CBHW071339190426
43193CB00042B/1901